KB175370

체스의 시작
A Primer of Chess

호세 라울 카파블랑카 지음
유정훈 옮김

필요
한책

■ 본서의 번역 저본은 J. R. Capablanca의 『A Primer of Chess』(1935, Harcourt Brace Jovanovich, Inc.)이며 『A Primer of Chess』(2016, Everyman Chess)를 참조하였습니다.

■ 원서 본문에서 이탤릭체로 강조된 텍스트와 모든 체스 기보는 본문에서 굵은 바탕체로 표기하였습니다.

■ 26쪽 '4. 스테일메이트와 무승부'는 원서에는 스테일메이트에 대한 내용만 나오지만 입문자들에게는 무승부 규칙에 대한 설명도 필요하다 판단하여 무승부에 관한 내용을 옮긴이가 추가하였습니다.

■ 31쪽 '6. 체스 기보법'은 원서는 설명기보법에 대한 내용이지만 현재 세계체스연맹이 지정한 표준 기보법은 대수기보법이므로 원서 내용에 바탕하여 현재 시점에 맞춰 대수기보법을 중심으로 옮긴이가 다시 작성하였습니다.

■ 본문의 괄호 안 텍스트는 주석 성격을 가지며 저자가 쓴 텍스트와 옮긴이가 쓴 텍스트가 섞여 있으나 가독성을 고려하여 따로 구분하지 않았습니다. 단 대안수들에 대한 내용은 모두 저자가 쓴 텍스트이며 주로 개념에 대한 보충 설명으로서의 텍스트들이 옮긴이가 작성한 텍스트입니다.

■ 이 책에서 사용된 글꼴은 제주명조체, G마켓 산스 TTF, KoPubWorld바탕체, KoPubWorld돋움체, KBIZ한마음명조체, Old English Text MT, Rage Italic입니다.

목차

막스 오이베와 대국 중인 호세 라울 카파블랑카(왼쪽) ⓒ암스테르담문서보관소

작가의 말

저자는 출판 원고를 준비하는 데 있어 가장 귀중한 도움을 준 어니스트 헌터 라이트Ernest Hunter Wright 교수와 서론과 관련하여 같은 도움을 준 B. M. 앤더슨 주니어Benjamin McAlester Anderson Jr. 박사를 위한 의무를 다하고자 합니다.

컬럼비아대학교의 영어학 교수인 어니스트 헌터 라이트는 지난 25년간 매우 훌륭하고 열정적인 체스 선수로 활동했습니다. 그는 『루소의 의미The Meaning of Rousseau』라는 책의 저자이자 청소년들을 위한 「리처즈 사이클로피디아Richards Cyclopedia」의 편집장입니다.

B. M. 앤더슨 주니어 박사는 세계 최고의 경제학자 중 한 명입니다. 그는 하버드대학교와 컬럼비아대학교의 경제학 교수였으며, 오늘날 뉴욕에서 가장 큰 은행 중 한 곳의 경제 고문입니다. 그가 받은 기술적인 훈련에는 실질적인 자금과 은행 업무뿐만 아니라 철학, 사회학, 경제 이론도 포함되어 있습니다. 요컨대 그는 일류 체스 선수입니다.

J. R. 카파블랑카

1750년경에 독일에서 제작된 체스 세트 ©필라델피아미술관

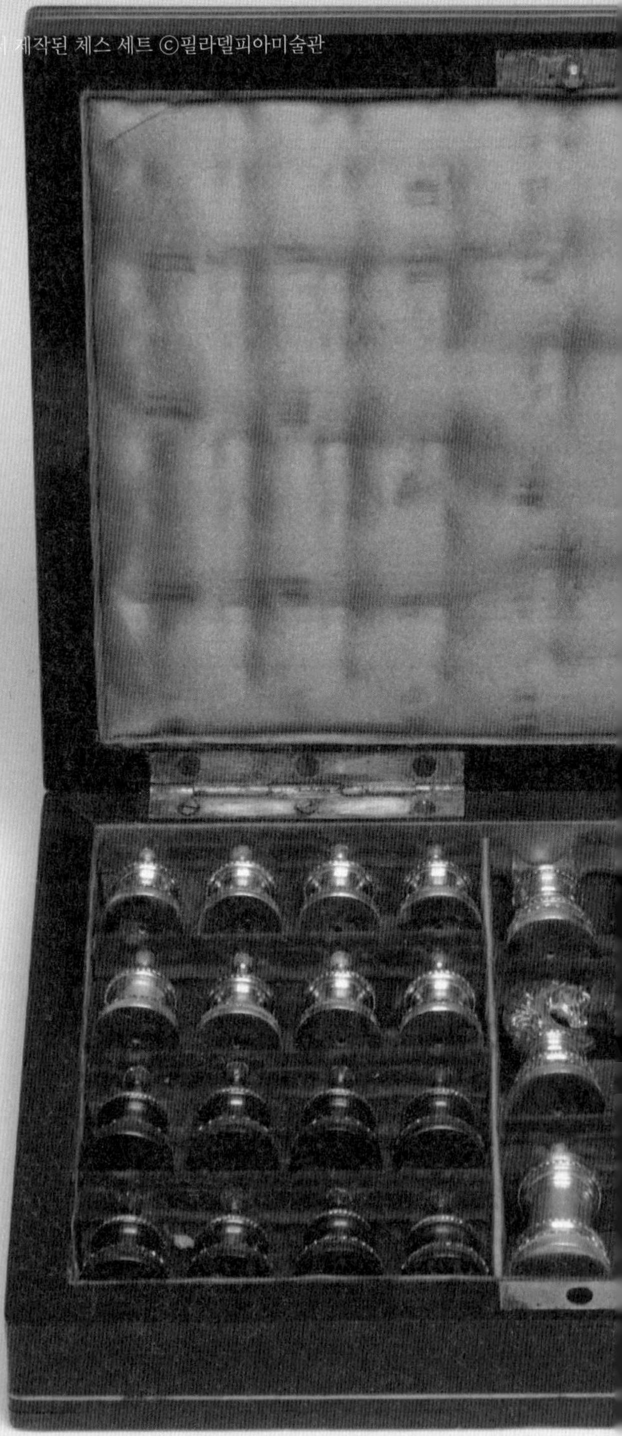

서론

이 책의 목적은 체스 연구서가 바라는 바의 충족입니다. 13년 전 저는 『체스의 기본Chess Fundamentals』이라는 논문을 써서 그간 체스 책에서 한 번도 등장하지 않았던 많은 것들을 끄집어냈습니다. 『체스의 기본』은 제목처럼 체스의 원리를 설명하지만, 초급자들이 알아야 할 것들을 이 책에서 다루는 만큼 세세하게 다루지는 않습니다. 저는 『체스의 기본』을 내놓으면서, 『체스의 기본』을 포함하여 서로 관련된 두 편의 다른 논문을 더 써서 하나의 완전한 구성을 만들 작정이었습니다. 『체스의 시작』은 이 두 논문 중 하나입니다. 얼마 후에 세 번째 책이 나올 것이며 자연스레 앞선 두 권에서 가장 적게 논의된 부분들만을 다룰 것입니다. 그 세 번째 책은 주로 오프닝을 다루면서 미들게임 및 엔드게임은 책에서 다루는 오프닝과 관련된 한에서만 언급될 예정입니다. 이 모든 내용은 독자들에게 『체스의 시작』과 『체스의 기본』 사이에 존재할 밀접한 관계를 각인시키기 위한 의도로 말하는 것입니다. 비록 이 책에서 『체스의 기본』의 내용을 가능한 한 적게 언급하기 위해 모든 노력을 기울이겠지만, 독자들은 때때로 『체스의 기본』에 대한 어느 정도의 언급이 필요하다는 사실을 깨달을 수 있으리라 봅니다.

저는 초심자를 위해서 스승의 도움 없이 누구나 쉽게 연주법을 배울 수 있게끔 돕는 것을 목표로 언어를 간단하고 간결하게 만들려고 노력하겠습니다.

체스의 간략한 역사

체스의 기원과 역사에 대해선 많은 다채로운 이야기들이 전해져 왔습니다. 그 기원에 대한 진실은 알려지지 않았습니다. 우리는 이 게임에 대한 이야기를 3,000년 전까지 거슬러 올라갈 수 있으며, 그쯤에서 역사의 다른 많은 것들과 마찬가지로 실마리를 잃게 됩니다. 체스가 언제나 오늘날처럼 행해지지는 않았습니다. 유럽에서의 마지막 변화는 수백 년 전에 일어났습니다. 최근까지 이 게임은 다른 나라들과 다른 인종들, 동양과 서양에서 다른 규칙으로 행해져 왔습니다. 몇 년 전, 저는 트란스요르단Trans-jordania의 아미르와 친선 경기를 하던 중 그가 우리와 다른 방식의 캐슬링에 익숙하다는 것을 알게 되었습니다. 그리고 얼마 전에는 영국의 일류급 선수인 미르 술탄 칸Mir Sultan Khan으로부터 원래 그의 조국인 인도에서는 꽤 다른 규칙하에 게임을 배운다는 얘기를 들었습니다. 캐슬링은 완전히 달랐고 우리들의 게임에서 폰은 첫 수에 두 칸을 이동할 수 있지만 그들은 한 번에 한 칸 이상 움직일 수 없었습니다. 의심할 여지 없이 다른 곳에서는 다른 차이점이 존재했겠지만, 모든 나라에서 유럽의 영향력이 우세했고 마침내 체스는 모든 곳에서 동일한 규칙으로 정립된 보편적인 유희가 되었다고 말할 수 있겠습니다.

오늘날 우리가 하는 게임이 그 성격상 중세적이라는 사실에는 의심의 여지가 없습니다. 체스는 기물들의 이름과 동작에서 볼 수 있듯이 전쟁적이고 예식적인 게임입니다. 그리고 왕들의 게임이었으며 오늘날에는 게임의 왕입니다. 폰은 기사(나이트), 주교(비숍), 왕실 인사들(킹과 퀸) 앞에서 엄호하고 싸우는 근위대의 요먼yeomen을 상징한다고 할 수 있습니다. 나이트, 비숍, 킹, 퀸은 이름 그대로이고, 룩과 캐슬링은 귀족들의 요새를 상징합니다. 만약 이 모든 칭호의 인물들이 세계의 많은 나라에서 모두 사라진다면, 체스 게임은 인간 정신에 최고의 노력을 요구하는 사회적 차별 게임으로 남을 것입니다.

오랫동안 체스는 특권층만을 위한 오락으로 여겨졌지만, 지금은 모든 이를 위한 훌륭한 훈련법으로 교육자와 철학자 들에게 지지를 받고 있습니다. 체스를 정말로 잘하기란 어렵지만, 게임의 요소를 배우기는 매우 쉽습니다. 그리고 일단 배우면, 인간에게 알려진 다른 어떤 게임보다 더 많은 즐거움과 만족감을 제공할 것입니다.

1장
게임, 말들, 행마, 게임의 목적

미스터리에 익숙하지 않은 사람들에게 체스 게임은 너무 복잡해 보입니다. 하지만 실은 그렇지 않습니다. 보통 사람들은 10~12가지 레슨 후에는 조금만 응용하면 게임을 할 수 있을 것입니다.

1. 게임

체스 게임은 각 면이 8개의 칸, 전체 64개의 칸으로 만들어진 보드에서 진행됩니다. 보드에서 플레이어의 오른쪽 끝 코너는 밝은 칸이 됩니다. 양쪽에는 16개의 말들이 있고, 그들은 아래 다이어그램처럼 배치됩니다.

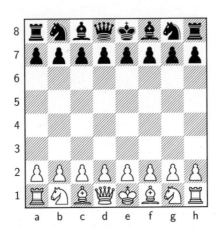

독자들이 관찰할 수 있듯이, 말들은 서로 마주보며 대칭으로 놓입니다. 백 기준 바로 앞에 놓인 기물들은 왼쪽에서 오른쪽으로 룩, 나이트, 비숍, 퀸, 킹, 비숍, 나이트, 룩입니다. 각 기물의 앞에는 하나의 폰이 놓입니다. 담황색과 흑색 칸 또는 담황색과 녹색 칸으로 된 보드에서 플레이하는 게 바람직합니다. 기물 디자인은 소위 '스탠튼 패턴Staunton pattern'이어야 하고 기물 밑 부분은 칸 크기의 약 3분의 2가 되어야 합니다. 이러한 조합이 보드를 쉽고 명확하게 보이게 할 것입니다. 흰 기물을 가진 쪽이 먼저 게임을 시작합니다. 그리고 번갈아 가며 수를 둡니다.

2. 행마

룩The Rook

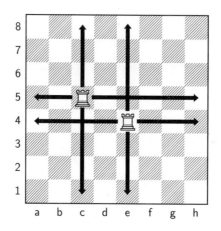

룩(기보법에서 R로 표기)은 직선 방향으로 한 번에 한 칸, 또는 자신의 다른 말이 방해하지 않는다면 그 이상의 칸으로 움직입니다. 룩은 다른 말을 뛰어넘을 수 없습니다. 가는 길에 방해가 되는 상대의 말이 있을 경우, 그 말을 보드에서 제거하고 그 말이 서 있던 칸에 자리를 잡을 수 있습니다. 룩은 이동 특성상 어디에 위치해도 같은 수의 칸들을 통제하게 된다는 점이 흥미롭습니다. 이런 상황은 다른 기물에게는 발생하지 않습니다(위 다이어그램에서 룩은 e4와 c5에 위치해 있습니다. 이 기호의 의미는 기보법에 관한 장(31쪽)을 끝까지 읽으면 알게 될 것입니다.)

비숍The Bishop

비숍(기보법에서 B로 표기)은 한 번에 한 칸, 또는 방해물이 없는 경우 한 칸 이상의 칸으로 대각선을 따라 비스듬히 움직입니다. 다른 말을 뛰어넘을 수 없지만, 상대 말이 방해가 된다면 그 말이 서 있는 칸을 점령하면서 그 말을 잡을 수 있습니다.

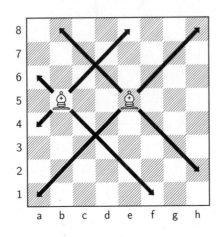

비숍은 포지션에 따라 더 많거나 더 적은 칸들을 통제합니다. 위의 다이어그램에서, 밝은 칸을 따라 이동하는 비숍은 그가 서 있는 칸 외에 9개의 칸을 통제합니다. 어두운 칸을 따라 이동하는 비숍은 그보다 4칸이 더 많은, 자신이 서 있는 칸 외에 13개의 칸을 통제합니다. 독자는 게임을 진행하면서 이러한 세부사항의 중요성을 이해하게 될 것입니다. 단일 비숍은 행마의 특성상 보드의 64칸 중 32칸만 이동할 수 있다는 점에 유의해야 합니다. 그리고 보드 중앙에 있을 때는 보드 전체를 이동할 수 있는 룩보다 한 칸 더 적은 칸들을 통제하게 됩니다.

퀸The Queen

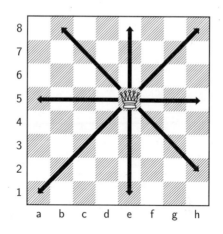

퀸(기보법에서 Q로 표기)은 룩과 비숍이 결합된 동작을 갖고 있습니다. 자신이 위치한 파일이나 랭크(파일은 세로 줄을 의미하며 체스보드와 기보법에서 알파벳 a, b, c...로 표기, 랭크는 가로 줄을 의미하며 체스보드와 기보법에서 숫자 1, 2, 3...으로 표기합니다)의 어떤 칸으로도 이동 가능하며, 자신이 위치한 대각선을 따라 어떤 칸으로도 이동할 수 있습니다. 도중에 방해물이 없는 한 그렇게 할 수 있습니다. 다른 말을 뛰어넘을 수는 없습니다. 상대의 말이 방해가 된다면, 퀸은 상대 말이 서 있는 칸을 점령하면서 그 말을 포획할 수 있습니다. 위 다이어그램과 같이 보드 중앙에 있을 때 퀸은 자신이 있는 칸 외에 27개의 칸을 통제합니다. 퀸은 게임 전체에서 단연코 가장 강력한 기물입니다.

나이트The Knight

나이트(기보법에서 N으로 표기)는 다소 특이한 방식으로 움직입니다. 나이트의 움직임을 설명하려면 아래 다이어그램을 참조하는 게 가장 좋습니다.

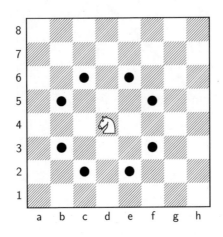

다이어그램에서 어두운 칸(d4)에 위치한 나이트는 점으로 표시된 8개의 칸들 중 하나로 이동할 수 있습니다. 이는 나이트가 항상 밝은 칸에서 어두운 칸으로, 또는 그 반대로만 움직이며, 밝은 칸에서 밝은 칸으로, 어두운 칸에서 어두운 칸으로는 절대 이동하지 않는다는 것을 의미합니다. 그리고 나이트가 수직 또는 수평-북쪽 또는 남쪽, 동쪽 또는 서쪽-으로 한 칸을 이동한 다음 대각선으로 한 칸을 더 이동하는 것을 의미합니다. 예를 들어 수직으로 북쪽으로 이동한다면, 북동쪽 또는 북서쪽 대각선으로 한 번 더 이동하는 셈입니다. 나이트는 점유하는 포지션에 따라 더 많거나 더 적은 칸을 통제합니다. 한 번에 통제할 수 있는 가장 많은 칸은 8칸입니다. 나이트는 자신이 통제하는 칸에 배치된 상대 기물을 잡을 수 있습니다. 움직임의 독특한 특성으로써 나이트는 자신과 상대의 말 들을 뛰어넘으며 이동할 수 있는 유일한 기물입니다. 나이트는 퀸과 룩처럼 64칸 모두를 이동할 수 있습니다. 나이트를 다루는 흥미로운 연습 중 하나는 같은 칸을 두 번 가지 않는 조건으로 64칸을 모두 이동해 보는 것입니다.

킹The King

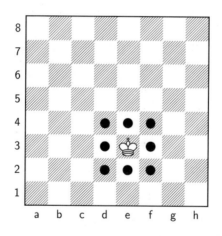

킹(기보법에서 K로 표기)은 한 번에 한 칸씩 어떤 방향으로든 움직일 수 있습니다. 다이어그램에서 e3에 서 있는 킹은 점으로 표시된 어떤 칸으로도 갈 수 있습니다. 킹은 이동과 똑같은 방법으로 상대 말을 포획합니다. 킹은 상대 기물이 통제하는 칸 안으로 들어갈 수 없는 유일한 기물입니다. 그러므로 킹은 절대 함락되지 않습니다. 킹이 한 번에 통제할 수 있는 가장 많은 칸은 8

칸입니다.

폰The Pawn

폰(설명기보법에서는 약어로 P로 표기하나 대수기보법에서는 약어로 표기를 하지 않습니다)은 모든 말들 중에서 가장 가치가 낮습니다. 폰은 앞으로만 이동할 수 있으며, 뒤와 옆으로는 이동할 수 없습니다. 그리고 한 칸이나 두 칸 중 선택해서 갈 수 있는 선택지가 있는 맨 처음 이동을 제외하면 한 번에 한 칸씩만 파일을 따라 이동합니다.

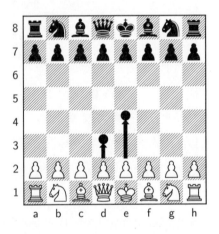

위 다이어그램에서 말들은 게임을 시작할 준비가 되어 있습니다. 이 포지션에서 모든 폰은 점으로 표시된 것처럼 한 칸 또는 두 칸을 이동할 수 있습니다. 퀸 앞에 있는 폰은 한 칸만 이동했습니다. 킹 앞에 있는 폰은 두 칸을 이동했지만, 이렇게 두 칸을 이동한 후에는 한 번에 앞으로 한 칸만 이동할 수 있습니다. 앞으로 나아가는 것을 막을 말이 앞에 없다면 그렇게 할 수 있습니다. 폰은 다른 말들과는 달리 움직이는 방향으로 상대 말을 잡지 않습니다. 다음 다이어그램에서처럼 대각선으로 잡습니다.

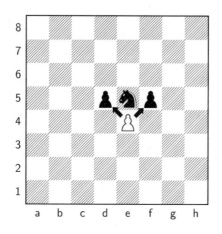

다이어그램에서 e4의 백 폰은 흑 폰 중 하나를 잡을 수 있지만 바로 앞에 있는 나이트는 잡을 수 없습니다.

폰에게는 능력이 하나 더 있습니다. 백 폰은 8랭크, 흑 폰은 1랭크에 도착하면 플레이어의 선택에 따라 킹을 제외한 어떤 기물로든 승진할 수 있습니다. 따라서 한쪽에 3개 이상의 룩, 나이트, 비숍, 퀸이 있는 게임은 가능하지만, 킹이 한 개 이상일 수는 없습니다. 가장 가치 있는 기물은 퀸이기 때문에, 대부분은 퀸으로 승진시킵니다. 그렇게 모든 사람들 중에서 가장 중요하지 않은 사람이 때때로 전체에서 가장 중요한 사람이 될 수도 있는 법입니다.

3. 체크와 체크메이트

킹이 말에 의해 공격당하면 킹이 **체크Check**됐다고 합니다. 그러면 킹은 게임의 규칙에 의해 체크에서 벗어나야 합니다. 킹은 세 가지 방법으로 체크에서 벗어날 수 있습니다. 공격하는 상대의 동선에서 벗어나거나, 공격한 상대를 잡거나, 자신의 기물들 중 하나를 킹과 공격 상대 사이에 끼워 넣으면 됩니다. 이세 가지 수단들 중 어느 수단으로도 체크를 없애는 게 불가능한 방법으로 킹을 공격하면, 킹은 **체크메이트Checkmate**(메이트 mate로 축약해서 쓰기도 함)되었다고 합니다.

게임의 목적은 상대 킹의 체크메이트, 즉 상대 킹이 체크에서 벗어날 방법이 없게끔 만드는 것입니다.

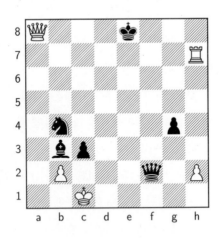

위 포지션에서 백은 흑 킹을 체크메이트 하였기 때문에 게임에서 이겼습니다. 모든 필요조건이 성립되어 있습니다. 흑 킹은 백 퀸에 의해 체크된 상태입니다. 이 퀸은 어떤 흑 기물로도 잡을 수 없으며 어떤 흑 기물도 체크하고 있는 퀸과 체크된 킹 사이에 끼어들 수 없습니다. 킹이 이동할 수 있는 둘레의 다섯 개 칸마저도 모두 백 퀸이나 h7에 있는 백 룩에 의해 통제되고 있습니다.

4. 스테일메이트와 무승부

체크가 되지 않은 킹이 어디로도 움직일 수 없는 포지션이 되었을 때, 동시에 움직일 수 있는 다른 자신의 말이 없을 때, 킹이 스테일메이트Stalemate되었다고 합니다. 그리고 어느 쪽도 승리하지 못한 무승부로 끝납니다.

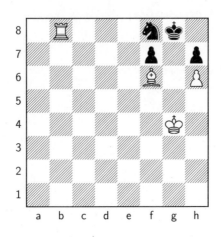

위 포지션은 흑이 움직일 차례입니다. 흑 킹은 공격받지 않았습니다. 즉, 체크되지 않았습니다. 반면에 그는 체크된 상태가 되지 않고는 움직일 수 없는데, 이는 게임 규칙에 의해 허용되지 않습니다. 그렇다고 해서 흑은 나이트를 움직일 수도 없습니다. 나이트를 움직이면 백 룩에 의해 체크될 킹이 있기 때문입니다. 따라서 흑은 지금 스테일메이트 포지션이고 무승부입니다.

체스는 승패가 분명하다는 선입견과는 달리 스테일메이트 외에도 무승부 규칙이 여럿 있어서 무승부 관리가 중요합니다. 체스의 무승부 규칙은 우세해도 무승부 상황에 처할 수 있고 열세

여도 무승부를 이끌 수 있기 때문에 모두에게 게임이 끝날 때까지 긴장감을 유지시키고 전술, 전략적으로 풍성한 게임을 만듭니다. 스테일메이트 외의 무승부 규칙은 다음과 같습니다.

데드 포지션Dead Position: 승패를 가리기엔 양쪽 다 말이 부족하거나 그 외의 포지션적 이유로 체크메이트가 불가능한 상태. 양쪽 말이 부족할 때는 킹 대 킹, 킹-비숍 대 킹, 킹-나이트 대 킹, 킹-비숍 대 킹-비숍(양쪽 비숍이 점유한 칸의 색이 같을 때)이 해당됨.

75수 규칙/50수 규칙: 75수 동안 포획이나 폰 이동이 발생하지 않았을 때 자동으로 무승부가 되며, 50수 동안 같은 일이 발생하면 무승부 청구가 가능.

3회 동형 반복/5회 동형 반복: 기물의 배치와 수를 두는 차례와, 캐슬링·앙파상까지 포함하는 가능한 수까지 모두 동일한 포지션이 5회 반복되면 자동으로 무승부가 되며, 3회 반복되면 무승부 청구가 가능.

합의 무승부: 두 선수가 어느 때든 합의로 무승부 가능.

무한 체크: 한 선수가 상대를 영원히 체크할 수 있는 상태. 무한 체크가 성립되면 위 75수 규칙/50수 규칙이나 3회 동형 반복/5회 동형 반복 등이나 합의에 의해 무승부가 됨.

5. 캐슬링

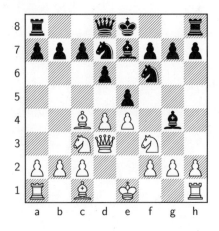

캐슬링Castling은 각 플레이어가 한 게임에서 한 번만 할 수 있는 복합적인 동작으로, 킹과 룩이 함께 행합니다. 킹과 룩은 이를 행하기 전까지 이동한 적이 없는 상태여야 하며, 위 다이어그램의 백처럼 두 기물 사이의 칸이 비워져 있어야 합니다. 그리고 다음 다이어그램처럼 룩은 킹 옆에 오게 되고, 킹은 그러한 룩의 옆쪽으로 이동하게 됩니다.

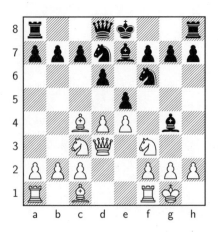

이 캐슬링은 킹사이드(체스보드에서 e~h파일에 속하는 부분)에서 이뤄졌으며 두 기물을 동시에 잡고 움직여 이뤄집니다. 다이어그램에서는 퀸사이드(체스보드에서 a~d파일에 속하는 부분) 비숍이 킹과 룩 사이에 있기 때문에 퀸사이드에서의 캐슬링은 불가능합니다.

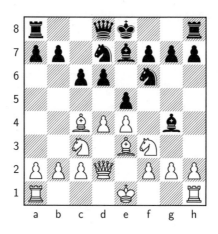

위 다이어그램에서는 룩과 킹 사이의 칸이 비어 있으므로, 백의 캐슬링은 28쪽, 또는 아래 다이어그램처럼 할 수 있습니다.

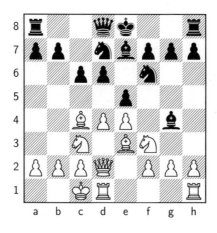

이것을 퀸사이드 캐슬링이라고 하며 체스 기보법에서는 0-0-0로 표기하고, 킹사이드 캐슬링은 0-0으로 표기합니다. 추가적인 규칙으로는 킹이 체크된 상태면 캐슬링이 허용되지 않으며, 킹 또는 캐슬링할 룩이 움직이기 전에, 킹이 지나가야 하는 칸들 중 하나가 상대 기물에게 공격을 받는 동안에도 허용되지 않습니다. 예를 들어 아래 다이어그램에서는 백의 캐슬링이 허용되지 않습니다.

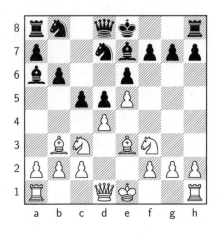

이유는 백 룩이 배치될 f1 칸이 a6에 있는 흑 비숍의 공격을 받고 있어서입니다.

지금까지 제시된 다섯 개의 다이어그램 모두 흑이 움직일 차례라면 흑은 킹사이드 캐슬링을 할 수 있는 상태입니다.

6. 체스 기보법

역사적으로 체스 연구를 위한 득점과 기록 작업을 용이하게 하려고 체스 기보법의 여러 시스템들이 고안되었습니다. 대표적인 기보법이 설명기보법Descriptive notation과 대수기보법 Algebraic notation입니다. 대수기보법은 19세기 이후부터 러시아와 독일에서 주로 쓰였지만 영미권에서는 설명기보법이 주로 쓰였습니다. 그러나 1970년대부터 대수기보법이 영미권에서도 널리 쓰이기 시작했고 1981년 세계체스연맹에서 대수기보법을 국제 표준으로 선정함으로써 대수기보법이 체스 기보법의 표준으로 자리잡았습니다. 체스 지식이 필요한 연구생은 기보법을 주의 깊게 살펴보고 익숙해져야 합니다. 이제부터 대수기보법에 대하여 알아보겠습니다.

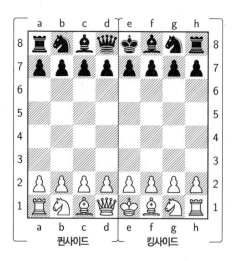

위 다이어그램이 보여주는 것처럼, 체스보드에서 세로줄은 파

일이라고 하며 왼쪽에서 오른쪽으로 a~h까지의 알파벳 소문자로 표기됩니다. 가로줄은 랭크라고 하며 1~8까지의 아라비아 숫자로 표기됩니다. a~d파일에 속하는 칸들은 퀸을 포함하고 있으므로 퀸사이드라고 하며 e~h파일에 속하는 칸들은 킹을 포함하고 있어서 킹사이드라고 합니다.

대수기보법은 직관적입니다. 말이 놓인 칸을 대수기보법으로 표기하려면, 말의 약어인 알파벳 대문자와 파일을 나타내는 알파벳 소문자와 랭크를 나타내는 숫자를 차례대로 조합하기만 하면 됩니다.

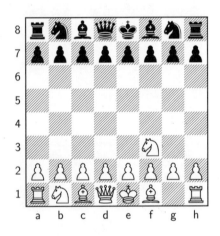

위 다이어그램에서는 백이 첫 수로 나이트를 움직였습니다. 나이트는 약어로 N으로 표기됩니다. 그리고 나이트가 놓인 칸은 f파일의 3랭크입니다. 이러한 정보들을 순서대로 조합하면 이 기보는 **1 Nf3**가 됩니다.

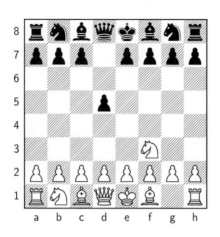

위 다이어그램은 앞선 백의 첫 수에 흑이 폰을 두 칸 움직여 응수를 한 상황입니다. 폰은 d5 칸에 놓였는데, 폰은 따로 약자로 표기하지 않습니다. 따라서 이 수의 기보는 칸만 써서 **1...d5**가 됩니다. 여기서 쓰이는 줄임표 ...는 흑의 수를 단독으로 표기할 때 사용하며 이는 백이 둔 수와 구분을 짓기 위해서 쓰입니다. 지금까지 둔 백과 흑의 수를 따로 떨어뜨리지 않고 연속적으로 기보로 나타내면 다음과 같이 표기하게 됩니다.

| 1 | Nf3 | d5 |

지금까지의 내용을 바탕으로 다음 다이어그램을 보고 기물의 위치를 기보화한 후 맞는지 확인해 보십시오.

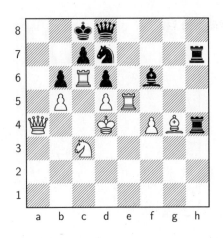

백: Kd4, Qa4, Rc6, Re5, Bg4, Nc3, f4, d5, b5

흑: Kc8, Qd8, Rh7, Rh4, Bf6, Nd7, d6, c7, b6

자주 쓰이는 추가적인 기보법으로 한 말이 다른 말을 잡았을 때의 표기가 있습니다. 잡는 말은 약어로, 잡는 동작은 x로, 그리고 잡히는 말은 말의 약어 없이 위치만 표기합니다. 그리고 상대 킹의 체크는 +로 표기합니다. 그렇다면 위 다이어그램에서 백이 둘 차례라고 가정하고, 백이 g4에 있는 비숍을 이동하여 d7에 있는 흑 나이트를 잡고 흑 킹에게 체크를 건다고 하면 어떻게 표기해야 할까요? 백 비숍의 약어: B, 잡는 동작: x, 흑 나이트의 위치: d7, 흑 킹 체크: +를 순서대로 조합하여 **Bxd7+**로 표기하면 됩니다.

지금까지 설명한 기본적인 대수기보법을 포함하여 다른 대수기보법의 표기에 대해선 다음을 참조해 주십시오.

*체스 기보 읽는 법

킹King=K   퀸Queen=Q   룩Rook=R

비숍Bishop=B   나이트Knight=N

폰Pawn은 약어로 따로 표기하지 않고 칸의 기호로만 나타냄

파일File   체스보드 세로줄을 뜻하며 체스보드에는 알파벳
                (a~h)으로 표기

랭크Rank   체스보드 가로줄을 뜻하며 체스보드에는 숫자
                (1~8)로 표기

x	x 앞의 말이 x 뒤의 말을 잡는 것		
+	체크	#	체크메이트
0-0	킹사이드(e, f, g, h파일) 캐슬링		
0-0-0	퀸사이드(a, b, c, d파일) 캐슬링		
!	좋은 수	!!	아주 좋은 수
?	실수	??	심각한 실수
!?	흥미로운 수	?!	의심되는 수
1-0	백 승	0-1	흑 승
1/2-1/2	비김		
...	흑 차례의 수		
e.p.	앙파상		
폰 승진	폰의 기보 끝에 승진된 기물의 약어를 표기		
	(예: 폰이 h8에 와서 퀸으로 승진한 경우 h8Q)		

7. 앙파상

이제 연구생이 기보법에 익숙해졌으므로, 우리는 지금까지 의도적으로 생략한 행마, 간단한 프랑스어로 **지나가다**in passing를 의미하는 **앙파상**en passant을 보겠습니다. 체스 기보법에서 이 단어는 e.p.로 표기됩니다.

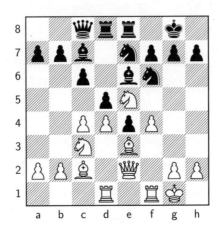

흑이 둘 차례인 위 다이어그램에서 백의 마지막 수는 f파일 폰을 f2에서 f4로 보내는 두 칸 전진이었습니다. 그렇게 함으로써 그는 e4에 있는 흑 폰에게 통제되는 f3 칸을 통과했습니다. 이러한 조건하에서 흑에게는 다음 다이어그램에 나온 것처럼 폰 **앙파상**으로 전진한 폰을 잡을 권리가 있습니다.

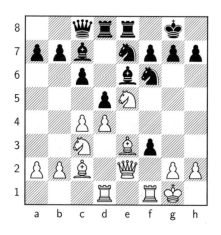

　위 다이어그램에서 알 수 있듯이 앙파상의 결과는 백이 f파일 폰을 앞으로 한 칸 옮기고 흑이 그 폰을 잡은 것과 동일합니다. 만약 여기서 흑이 앙파상으로 백 폰을 잡지 않기로 한다면, 다음 수부터 자신의 e4 폰으로는 앙파상을 행할 수 없게 됩니다. 규칙에 따라 앙파상은 즉시 하지 않으면 권리는 사라집니다. 숙고해 보면, 백은 5랭크, 흑은 4랭크에 위치한 폰이 바로 옆에 인접한 파일에 있는 상대 폰에게 앙파상을 적용할 수 있습니다. 그리고 상대 폰이 이전에 이동하지 않았고 한 번에 두 칸 이동할 때만 할 수 있습니다. 앙파상은 이 모든 조건이 충족되어야 가능합니다. 예를 들어 백 폰이 f4로 이동하기 전 위치가 f2가 아닌 f3라면, 앙파상은 불가능합니다. 앙파상은 강제가 아니라 선택이지만, 바로 하지 않으면 다음 수에서는 할 수 없게 됩니다. 이 동작의 이해는 어렵기에 연구생은 설명을 주의 깊게 검토해야 합니다. 그리고 더 진행하기 전에 행마와 기보법에 대해 쓰여진 지금까지의 내용도 검토하고 익숙한지 확인합시다.

2장
게임을 익히고 향상시키는 방법

체스는 배우기는 쉽지만 잘하기는 어렵습니다. 체계와 방법론이 좋은 플레이에 큰 도움이 될 것입니다. 따라서 연구생은 이미 쓰여진 내용을 주의 깊게 검토해야 합니다. 일단 동작과 기보법에 익숙하다는 걸 확신하면, 그는 킹을 각기 다른 메이트 포지션에 놓고 스스로 연습해야 합니다. 그는 킹이라는 기물의 동작과 역량을 마스터한다는 목적을 위해, 다른 기물들을 사용하면서 그 수를 늘리고 줄여야 합니다. 이 연습은 연구생들의 상상력을 발전시키고 게임을 더 재미있게 만들어 향상 욕구를 증가시킬 것입니다. 제한된 기물의 운영은 더 많은 수의 기물의 운영보다 쉬울 수밖에 없습니다. 그러한 이유로 연구생에게 가이드 역할을 할 간단한 메이트 몇 가지와 간단한 엔딩을 주는 것에서 시작하겠습니다. 일단 그러한 엔딩을 배우고 익힌 다음에는, 실전에서 상상력을 목적에 맞게 사용하여 자신을 위해 그와 유사한 엔딩을 만들려고 노력해야 합니다. 그리고 그 엔딩으로 익힌 것과 같은 라인을 따라 해결하려고 노력해야 합니다. 그러한 연습에 의해 실력을 상당히 향상시키게 될 것입니다.

이와 같은 종류의 연습은 나중에 오프닝과 미들게임에도 활용되어야 합니다. 끊임없이 상상력을 사용하고 발전시킴으로써 플레이어는 자신의 실력을 향상시킬 뿐만 아니라 게임의 아름다움을 깨닫고, 그러면서 마스터하고자 하는 욕구가 높아질 것입니다. 그리고 이러한 연습을 통해 이전에 연구된 것과 유사해 보이는 다른 포지션에서는 기물의 배치가 쉽다는 것을 알게 될 것입니다. 어려운 것은 그것이 같은 유형의 포지션임을 증명하고, 같은 라인을 따라 문제를 해결하는 일입니다. 체스에서 기물 동작의 조정은 가장 중요할 뿐만 아니라 가장 어려운 일 중 하나이기 때문에 기물 수를 늘리면서 효율적으로 관리하기란 어렵습니다. 체스의 엄청난 다양성이 게임을 매우 어렵게 만들고 또한 매우 흥미롭고 아름답게 만듭니다. 연구생들은 또한 치명적인 실수의 회피가 어려움을 알게 될 것이입니다. 따라서 쉽게 낙담해서는 안 됩니다. 최고의 선수들도 그런 실수로 고생하기 때문입니다.

1. 간단한 메이트들

연구생이 해야 할 첫 번째 목표는 기물의 능력에 익숙해지는 것입니다. 이는 간단한 메이트들을 얼마나 빨리 완수하는지 배움으로써 가장 잘 익힐 수 있습니다.

우선 룩과 킹으로 킹을 끝내는 경우입니다. **여기서의 원칙은 상대 킹을 체스보드 어느 한쪽의 끝줄로 몰아가는 것입니다.**

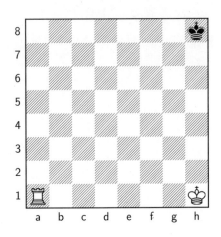

이 포지션에서 룩의 위력은 첫 번째 동작 Ra7으로 입증됩니다. 이 행마는 흑 킹을 마지막 랭크에 묶어 주고, 메이트는 1 Ra7 Kg8 2 Kg2에 의해 빠르게 이뤄집니다.

킹과 룩의 콤비네이션은 메이트를 강제할 수 있는 포지션에 도달시키기 위해 필요합니다. 초심자가 따라야 할 일반적인 원칙은 **자신의 킹을 상대 킹과 최대한 같은 랭크로 유지하거나, 이 경우처럼 같은 파일로 유지하는 것입니다.**

여기서 백은 킹을 6랭크 앞으로 보내야 합니다. 상대와 같은 파일을 유지하면서 한 칸씩 더 중앙을 향하게 하는 방법이 좋습니다.

2	...	Kf8
3	Kf3	Ke8
4	Ke4	Kd8
5	Kd5	Kc8
6	Kd6	

백이 6 Kc6를 두지 않는 이유는 흑 킹이 d8로 돌아가면 메이트를 하는 데 시간이 더 걸리기 때문입니다. 그러나 만약 지금 상태에서 흑 킹이 d8로 돌아가면, 백은 Ra8를 둬서 단번에 메이트가 가능합니다.

6	...	Kb8
7	Rc7	Ka8
8	Kc6	Kb8
9	Kb6	Ka8
10	Rc8#	

원래 위치에서 메이트까지 정확히 열 번 움직였습니다. 다섯 번째 수에서 흑은 Ke8를 할 수도 있었으나, 그렇게 하면 원칙적으로 6 Kd6 Kf8(흑 킹은 결국 백 킹의 앞으로 이동을 강요당하며 Ra8로 메이트) 7 Ke6 Kg8 8 Kf6 Kh8 9 Kg6 Kg8 10

Ra8#로 이어졌을 것입니다.

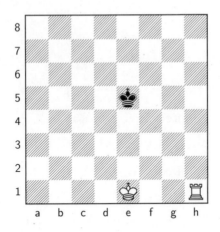

위 다이어그램에서 흑 킹은 체스보드 중앙에 있기 때문에 백 킹은 1 Ke2 Kd5 2 Ke3로 진행하는 게 가장 좋은 방법입니다. 룩이 아직 게임에 참여하지 않는 한, 킹을 상대 킹의 정면이 아닌 사이드로, 그리고 보드 중앙으로 곧장 진출시키는 것이 좋습니다. 이제 흑 킹이 ...e5로 이동하면 룩을 Rh5+로 구동하여 쫓아 보냅니다. 반면, 2...Kc4를 뒀다면 3 Rh5를 둡니다. 다음에 만약 흑이 3...Kb4를 둔다면 백은 그를 따라 4 Kd3를 두며, 그 대신에 3...Kc3를 뒀다면 4 Rh4를 둬서 흑 킹을 가능한 한 적은 칸들에 제한시킵니다.

이제 엔딩으로 이을 수 있습니다.

4	...	Kc2
5	Rc4+	Kb3
6	Kd3	Kb2

7	Rb4+	Ka3
8	Kc3	Ka2.

백 킹이 룩을 방어하기 위해서 뿐만 아니라 상대 킹의 기동성을 떨어뜨리기 위해서 얼마나 자주 룩 옆으로 이동하는지 주목하십시오. 이제 백은 세 번의 수로 메이트를 합니다.

9	Ra4+	Kb1

열 번째 백 차례 수에선 백 룩이 a파일의 어디로 가도(룩이 잡힐 수 있는 a1, a2 제외) 흑 킹을 백 킹 앞으로 강요하게 되며 **10...Kc1 11 Ra1#**로 끝납니다. 이번에는 메이트를 하기까지 11수가 필요했는데, 어떤 컨디션에서도 20수 내에 이루어져야 합니다. 이는 단조롭기는 하지만 초보자라면 기물들을 제대로 다루는 법을 배울 수 있기 때문에 연습해 볼 가치가 있습니다.

다음은 두 비숍과 킹으로 킹을 상대하는 예제입니다.

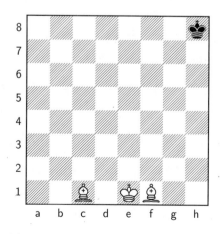

흑 킹이 코너에 있는 이상 백은 1 Bd3 Kg8 2 Bg5 Kf7 3 Bf5 로 진행할 수 있습니다. 흑 킹의 움직임은 이미 적은 칸에 제한 되었습니다. 흑 킹이 원래 보드 중앙에 있었다면, 아니면 맨 끝 줄에서 떨어져 있었다면, 백은 자신의 킹을 진격시켜야 합니다. 그리고 비숍들의 도움을 받아 흑 킹의 움직임을 가능한 한 적은 칸들로 제한시켜야 합니다.

이제 3...Kg7 4 Kf2로 계속해 봅시다. 이 게임의 엔딩에서 흑 킹은 보드 가장자리에 몰릴 뿐만 아니라 코너로도 몰려야 합니다. 그리고 메이트 하기 전까지 백은 킹을 6랭크 위로 더 올려보내야 하며 동시에 h6, g6, f7, f8에 해당되는 끝의 두 파일 중 하나에 위치시켜야 합니다. h6와 g6가 가장 가까운 칸들이므로 이 칸들이 백 킹이 가야 할 곳입니다. 4...Kf7 5 Kg3 Kg7 6 Kh4 Kf7 7 Kh5 Kg7 8 Bg6 Kg8 9 Kh6 Kf8. 백은 때에 맞춰 비숍 중 하나를 움직여야만 흑 킹을 돌려보낼 수 있습니다. 10 Bh5 Kg8 11 Be7 Kh8. 이제 백 비숍은 흑 킹이 g8로 돌아가면 백 대각선diagonal을 따라 다음 이동을 체크할 수 있는 위치를 차지해야 합니다. 12 Bg4 Kg8 13 Be6+ Kh8 14 Bf6#.

이번 메이트를 강요하기 위해서는 14수가 필요했는데, 어떤 위치에서든 30수 이내에 이루어져야 합니다.

그리고 이런 종류의 모든 엔딩은 스테일메이트로 흘러가지 않도록 주의를 기울여야 합니다.

또한 이 특수한 엔딩에서는 킹이 보드의 끝으로 몰리게 해야 할 뿐만 아니라 코너로 몰려야 한다는 점을 기억해야 합니다. 하지만 이러한 모든 엔딩들에서 킹이 마지막 랭크 또는 바깥 파일

(예: h5 또는 a5, e8 또는 d1)로 강요되는지 여부는 중요하지 않습니다.

이제 킹에 맞선 퀸과 킹에 대해 알아볼 차례입니다. 퀸은 룩과 비숍의 능력을 합친 기물인 만큼 가장 쉽게 메이트를 할 수 있으며 항상 10수 이하로 움직여야 합니다. 다음을 봅시다.

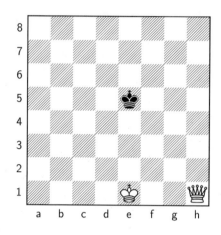

흑 킹의 기동성을 최대한 제한하기 위해 퀸으로 첫 수를 시작하는 것이 좋습니다. 즉, 1 Qc6 Kd4 2 Kd2입니다. 흑 킹은 이제 갈 수 있는 칸이 하나밖에 없습니다. 2...Ke5 3 Ke3 Kf5 4 Qd6 Kg5(흑이 ...Kg4를 두면 Qg6+로 응수). 5 Qe6 Kh4 (만약 5...Kh5 6 Kf4면 다음 수에 체크메이트) 6 Qg6 Kh3 7 Kf3 **흑 킹 이동 8 백 퀸으로 체크메이트.**

이 엔딩에서는 앞서 룩의 경우처럼 흑 킹이 보드의 가장자리에 있게끔 강요되어야 합니다. 오직 퀸이 룩보다 훨씬 더 강력한 기물이라는 사실만 다르며, 그 과정은 훨씬 쉽고 짧습니다.

지금까지가 세 가지 기본적인 엔딩이며 이를 수행하는 모든 원칙들은 동일합니다. 각각의 경우들에는 킹의 지원이 필요합니다. 킹의 도움 없이 메이트를 강요하기 위해서는 적어도 두 개의 룩이 필요합니다.

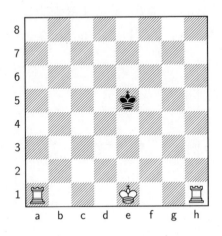

위 다이어그램처럼 룩이 두 개 있으면 절차가 간단합니다. 여느 때처럼 상대 킹을 마지막 라인이나 랭크로 몰아야 합니다. 따라서 **Rh4**로 시작합니다.

1	Rh4	Kf5
2	Ra5+	Kg6

3 Rh6+를 둘 수는 없습니다. 왜냐하면 흑 킹이 룩을 잡을 것이기 때문입니다. 백이 해야 할 일은 룩을 다른 룩과 같은 파일에 넣지 않고 킹으로부터 가능한 한 멀리 떨어진 포지션에서 동일한 랭크를 따라 이동시키는 것입니다. 따라서 여기선 다음과 같이 둘 수 있습니다.

3	Rb4	Kf6
4	Rb6+	Ke7
5	Ra7+	Kd8
6	**Rb8 메이트**	

이 엔딩을 따라하는 방법은 간단하기에 연구생은 올바른 절차를 배우는 데 있어 어려움이 없을 것입니다.

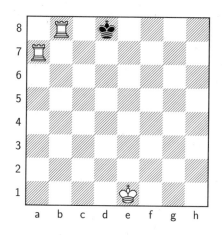

2. 승진하는 폰

폰은 게임에서 조종할 수 있는 가장 작은 물리적 능력을 갖고 있습니다. 그런데 킹을 제외하고 폰이 유일하게 남은 기물일지라도 이기기에는 충분한 경우가 많습니다. 일반적인 요점을 말하자면, **킹은 적어도 한 칸 사이를 두고 자신의 폰 앞에 있어야 합니다.**

상대 킹이 폰 바로 앞에 있으면 게임을 이길 수 없습니다. 이는 다음 예제를 통해 잘 설명할 수 있습니다.

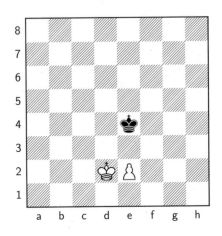

포지션이 펼쳐지면, 흑은 항상 폰 바로 앞에 킹을 두려고 해야 합니다. 그게 불가능하다면, 예를 들어 이 포지션에서는 백 킹 때문에 그렇다면, 흑 킹은 백 킹의 앞자리를 유지해야 합니다.

| 1 | e3 | Ke5 |
| 2 | Kd3 | Kd5 |

흑에게 이것은 매우 중요한 이동입니다. 나중에 확인할 수 있겠지만 다른 이동은 그에게 손실이 됩니다. 흑 킹을 폰과 가까이 둘 수 없으면 최대한 멀리 떨어져야 하며, 동시에 백 킹 앞으로 나아가야 합니다.

3	e4+	Ke5
4	Ke3	Ke6
5	Kf4	Kf6

다시 같은 경우입니다. 흑 킹은 폰에게 다가갈 수 없는 한, 백 킹이 오면 반드시 그 앞에 있어야 합니다.

6	e5+	Ke6
7	Ke4	Ke7
8	Kd5	Kd7
9	e6+	Ke7
10	Ke5	Ke8
11	Kd6	Kd8

이제 만약 백이 폰을 전진시키면 흑 킹이 폰 앞에 오게 됩니다. 그러면 백은 폰을 포기하거나 Ke6를 둬야 해서 스테일메이트가 됩니다. 만약 백이 폰을 전진시키는 대신 자신의 킹을 철수시키면, 흑은 킹을 폰에게 붙여서 다시 올라올 준비를 하는 킹 앞으로 이동합니다. 또는 전과 같이 백 킹이 진격하면 백 킹의

앞으로 이동합니다.

이 모든 절차를 이루는 방법은 매우 중요하며, 연구생은 세부 사항에 대해 철저히 숙지해야 합니다. 왜냐하면 여기에는 이후로도 계속될 원칙들이 포함되어 있으며 많은 초보자들은 올바른 지식이 부족한 탓에 동일한 포지션들에서 자꾸 패배하기 때문입니다. 이 책의 현 단계에서는 그 중요성을 아무리 강조해도 지나치지 않습니다.

백이 승리하는 다음 포지션에서 킹은 자신의 폰 앞에 있고 킹과 킹 사이에는 한 칸이 있습니다.

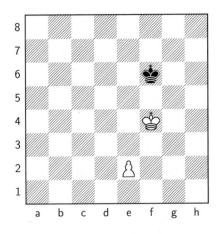

백의 해법은 폰의 안전과 양립할 수 있는 범위 내에서 킹을 전진시키는 것과, 폰은 필수적인 안전을 확보할 때까지 절대 전진시키지 않는 것입니다.

따라서

1	Ke4	Ke6

흑이 백 킹의 전진을 허용하지 않기 때문에, 백은 흑을 강제로 이동시키기 위해 그의 폰을 전개시켜야 합니다. 그렇게 해야 백은 자신의 킹을 진격시킬 수 있습니다.

| 2 | e3 | Kf6 |
| 3 | Kd5 | Ke7 |

만약 흑이 3...Kf5를 뒀다면 백은 폰을 e4로 전진시킬 수밖에 없습니다. 흑이 ...Ke4를 둬서 폰을 잡을 수도 있는 기회를 남기지 않으려면, 킹을 전진시킬 수 없기 때문입니다. 흑이 아직 그렇게 하지 않았으니, 백은 폰을 전개시키지 않는 게 좋습니다. 폰의 안전을 위한 킹이 필요하지 않으니, 킹을 앞으로 더 나아가게 하는 편이 나을 것입니다. 따라서

| 4 | Ke5 | Kd7 |
| 5 | Kf6 | Ke8 |

이제 백 폰은 매우 멀리 떨어져 있으며 킹의 보호 하에 전개할 수 있습니다.

| 6 | e4 | Kd7 |

여기서 백이 Kf7을 두는 것은 좋지 않습니다. 그렇게 하면 흑이 ...Kd6를 둘 테고 백은 폰을 보호하기 위해 킹을 다시 데려

와야 하기 때문입니다. 따라서 그는 폰을 계속 전개해야 합니다.

	7	e5	Ke8

만약 흑이 다른 곳으로 이동했다면, 백은 Kf7을 둘 수 있었고, 폰은 e6, e7, e8로 진격할 수 있었을 것입니다. 이때 이 칸들은 모두 킹의 보호를 받고 있습니다. 흑이 그걸 막으려고 하는 노력만큼, 이제 백은 흑을 멀리 떠나게 만들어야 합니다. 동시에 항상 폰 앞에 킹을 세워야 합니다. 따라서

	8	Ke6

8 e6를 두면 무승부가 됩니다. 그러면 흑이 Kf8를 둘 것이고, 48쪽 다이어그램에서 설명한 것과 유사한 포지션을 갖게 되기 때문입니다.

	8	...	Kf8
	9	Kd7	

이렇게 백 킹이 이동하면 폰은 e8로 전진하여 퀸이 되고, 모든 것이 끝납니다.

이 엔딩은 앞선 엔딩과 동일하며, 같은 이유에서 더 배우기 전에 충분히 이해되어야 합니다.

3. 한 개의 폰에 맞서는 두 개의 폰

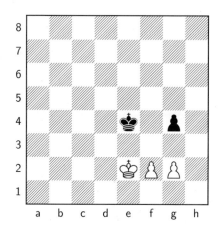

위 다이어그램에 나온 엔딩의 종류는 위에 그려진 형태 또는 유사한 형태로 발생하기 쉽습니다. 때때로 두 개의 폰에 맞서는 세 개의 폰이 있을 수도 있고, 세 개의 폰에 맞서는 네 개의 폰이 있을 수도 있습니다. 모든 폰들이 킹사이드와 퀸사이드 중 한쪽에 있을 수도 있고, 양 사이드 모두에 있을 수도 있습니다.

위 다이어그램에서와 같이 폰이 보드의 한 사이드에만 있을 때의 절차는 항상 동일하며, 백은 폰 중 하나를 흑 폰과 교환하여 50쪽의 다이어그램과 유사한 포지션을 가져와 백 킹이 승리 포지션을 획득할 수 있도록 해야 합니다. a, h 파일에 폰들 중 하나가 있는 엔딩을 제외하고, 거의 모든 경우에 두 개의 폰이 한 개의 폰에 맞서면 이깁니다. 위 다이어그램의 포지션에서 백이 1 f3+를 둘 경우, 흑은 1...gxf3+를 둔 다음 48~49쪽 설명처럼 킹을 계속 폰 앞에 둘 것이기 때문에 무승부가 됩니다. 그러나 백은 1 g3를 둠으로써 그 문제를 쉽게 피할 수 있습니다.

그래서 1...Kd4 2 f3 gxf3+ 3 Kxf3에 이어 **Kg4, Kh5**를 두어 폰 앞에 한 칸을 사이에 두고 킹이 있는 포지션을 얻으면, 이미 다뤄진 내용과 같이 승리합니다. 다른 대안은 다음과 같습니다.

1	...	Ke5
2	Ke3	Kf5
3	Kd4	Kf6
4	Ke4	Kg5
5	Ke5	Kg6
6	Kf4	Kh5
7	Kf5	Kh6
8	Kxg4	

그리고 백은 두 개의 폰들 중 하나를 퀸으로 만드는 데 문제가 없을 것입니다. 만약 **1 g3** 이후 흑이 **1...Kf5**로 응수했다면,

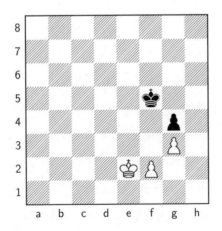

위 포지션에서 백은 2 Kd3, 그럼으로써 흑이 2...Ke5, 백이 3 Ke3를 두면 앞서 둔 포지션과 정확히 같은 포지션을 얻게 될 것입니다.

백의 두 번째 수 2 Kd3는 책의 2부에서 논의될 **대립 opposition**을 지배하는 법칙에 의한 수입니다. 현재 이 문제를 논의하기에는 너무 이르지만, 방금 제시된 예제를 보면 그 중요성은 분명합니다. 또한 킹을 다루는 일이 매우 중요함을 깨닫게 될 것입니다. 폰보다 작은 이점도 얻을 수는 없겠지만, 보드에 말이 거의 남아 있지 않아도 킹을 엄밀하게 운영하면 이길 수 있습니다.

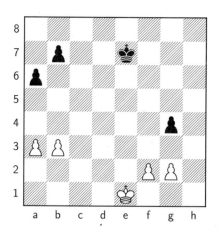

위 다이어그램과 같이 보드 양 사이드에 폰이 있으면 절차가 더 쉬워집니다. 먼저 킹을 폰에게 데려와 안전을 보장한 다음, 대립으로부터 자유로운 폰-다른 폰에게 막히지 않는 폰-을 전진시켜 소위 **통과한 폰passed pawn**을 얻습니다. 그리고 나서 **차단blocking**과 **소모attrition** 정책으로 원하는 결과를 얻습니다. 후자의 정책은 다음을 따르면 매우 쉽게 이해될 것입니다.

1	Ke2	Ke6
2	f3	gxf3+
3	Kxf3	

가능한 한 다른 것들로부터 멀리 떨어져 있는 자유로운 폰을 갖는 것은 언제나 최선입니다.

3	...	Kf5
4	g4+	Kg5

이제 **차단** 과정을 다른 사이드에서 시작할 수 있습니다.

5	b4	b6
6	a4	Kg6
7	Kf4	Kf6
8	g5+	Kg6

다시 한번 백은 **차단** 절차를 끝내기 위한 **9 b5**로 퀸사이드에서 안전하게 전진할 수 있습니다. 흑이 폰 교환을 결심할 경우 남겨진 폰들이 b파일에 남도록 b파일 폰의 전진이 좋습니다(a파일과 h파일 폰들은 폰과 폰 앞의 킹 사이에 아무리 많은 칸들이 있다고 해도 킹과 맞섰을 때 퀸이 될 수 없는 유일한 폰들입

니다).

9   ...   a5

이제 **차단** 과정은 끝났고 **소모** 과정이 시작됩니다(사실 여기서 소모 절차는 불필요한데 백은 간단하게 **10 Ke5**를 두고 흑의 두 퀸사이드 폰을 잡아서 승리할 수 있기 때문입니다).

10	Kg4	Kg7
11	Kf5	Kf7
12	g6+	Kg7
13	Kg5	Kg8
14	Kf6	Kf8
15	g7+	Kg8

이로써 **소모** 과정이 끝납니다.

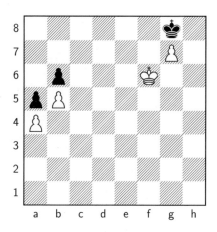

백은 16 Kg6를 둘 수 없습니다. 왜냐하면 이미 언급한 바와 같이 게임을 스테일메이트를 통한 무승부로 만들 수 있기 때문입니다. 하지만 백은 지금 폰 하나를 버리고 킹으로 보드의 반대편으로 빠르게 달려가서 무방비 상태의 흑 폰 두 개를 차지할 수 있습니다.

16	Ke6	Kxg7
17	Kd6	Kf7
18	Kc6	

그리고 백은 Kxb6와 Kxa5를 두면 별 문제 없이 자신의 폰들 중 하나를 퀸으로 만들게 될 것입니다.

이제 모든 것이 완전히 이해되었는지 확인하기 위해 앞서 쓰여진 것들을 복습해야 할 때입니다. 그런 다음 자신의 상상력으로 위 설명과 유사한 다른 폰 엔딩을 살펴 봐야 합니다. 체스에서 킹-폰 엔딩만큼 시간의 가치를 일깨워 주는 연습은 없다고 봅니다. 엔딩에 강한 선수가 다른 선수들보다 확실한 우위를 점한다는 사실을 명심하십시오. 지난 80여 년간 세계 챔피언들이 가진 공통적인 기술적 특징은 엔드게임에서의 비범한 능력이었습니다.

4. 기물의 상대적 가치

오프닝의 일반 원칙을 진행하기 전에 연구생들에게 기물의 적절한 상대적 가치에 대한 아이디어를 전하는 것이 좋겠습니다. 이들 모두를 설명할 수 있는 완전하고 정확한 대조표는 없으며, 다만 기물들을 따로 비교하는 수밖에 없습니다.

모든 일반적인 이론에서 비숍과 나이트는 동일한 가치로 간주되고 있지만, 대부분의 경우 비숍이 더 가치 있음을 입증 가능하다는 게 제 의견입니다. 그리고 두 비숍이 두 나이트보다 대체로 더 낫다는 사실은 잘 알려져 있습니다.

비숍은 나이트보다 폰에게 더 강하고, 룩에게 대응할 때 폰과 콤비네이션을 이루면 나이트와 폰이 함께하는 것보다 더 강할 것입니다.

비숍과 룩의 콤비네이션 또한 나이트와 룩의 콤비네이션보다 강하지만, 퀸과 나이트의 콤비네이션은 퀸과 비숍의 콤비네이션보다 강할 수 있습니다.

비숍은 종종 세 개의 폰보다 더 가치 있지만 나이트 하나는 그럴 일이 드물고 어쩌면 그럴 가치조차 없을지도 모릅니다.

룩은 나이트 하나와 폰 두 개, 또는 비숍과 폰 두 개의 가치가 있지만, 앞서 말한 것처럼 비숍은 룩에 대응하는 더 나은 기물이 될 수 있습니다.

두 개의 룩은 퀸보다 조금 더 강합니다. 그들은 두 개의 나이트와 한 개의 비숍과 비교하면 약간 약하고 두 개의 비숍과 한 개의 나이트와 비교하면 그보다 조금 더 약합니다. 기물이 교체

되면 나이트의 힘은 감소합니다. 반대로 룩의 힘은 강해집니다.

미들게임 내내 순전히 **방어적인** 기물인 킹은 일단 모든 기물이 판에서 떨어지면 **공격적인** 기물이 되고 때로는 한두 개의 마이너 기물들이 남아 있어도 **공격적인** 기물이 됩니다(퀸, 룩, 비숍, 나이트 중 킹과 협동하여 상대를 체크메이트 할 수 있는 퀸과 룩을 메이저major 기물, 그렇게 하지 못하는 비숍과 나이트를 마이너minor 기물이라고 합니다). 엔드게임 단계에 도달하면 킹의 운영은 가장 중요한 요소가 됩니다.

3장
기본적인 관점에서의
오프닝·미들게임·엔드게임

1. 오프닝

오프닝은 말 그대로 게임의 시작입니다. 충실한 오프닝은 종종 좋은 엔딩의 열쇠입니다. 오프닝은 뒤따르는 것들을 위한 길을 터 주기에 게임의 결과는 처음 6수에 달리게 될 수 있습니다. 32개의 기물이 관련되어 있기 때문에, 자연스레 오프닝은 게임에서 가장 어려운 부분이고 수천 권의 책들이 오프닝의 기술적 측면에 대해 쓰여졌습니다. 그러나 초심자는 기술적 측면을 너무 깊이 파고들지 말고, 일반적 관점에서만 들여다봐야 합니다. 그것이 이 책에서 제시할 절차의 라인이 될 것입니다. 전문가뿐만 아니라 더 발전된 플레이어를 위해, 『체스의 기본』에는 오프닝의 필수적인 사항을 다루는 몇 개의 장이 있습니다. 이 주제에 대한 기술적인 작업은 전문가 또는 게임에서 전문가가 되고자 하는 사람들만을 위한 것입니다.

기본적인 관점에서 볼 때, 오프닝이란 양 사이드에서의 기물들의 동작이 가능하게끔 이동시키는 것을 의미합니다. 비숍과 퀸을 위한 공간을 마련하기 위해선 중앙 폰을 전진시켜야 합니다. 일단 이 기물들과 나이트들을 움직여서 행동에 옮기고, 룩과 킹 사이의 칸들이 비워지면, 캐슬링을 할 수 있습니다. 그리고 마지막으로 룩을 가운데로 데려와서 오픈 파일에 둠으로써 양 사이드의 모든 능력을 활용할 수 있게 됩니다. 이 모든 일을 8수에서 12수 내에 해야 하며, 상대를 방해하면서 그 작업을 끝내는 게 핵심입니다. 상대보다 앞서 모든 전력의 완전한 전개를 얻는 데 성공하면 충분한 만족감을 느껴도 좋습니다. 이것을 연구생이 생각하는 다른 어떤 고려 사항보다 더 중요하게 여겨야 합니다. 이제 게임의 기본적인 일반 이론을 진행하겠습니다.

이론적인 목적을 위해 게임은 오프닝, 미들게임, 엔드게임의 세 부분으로 나뉩니다. 오프닝에서, 입문자는 공격적이면서도 자신의 안전을 충분히 고려하여 기물을 배치하면서 빠른 전개를 하려고 노력해야 합니다. 오프닝은 10~12수 이내에 완료해야 하며, 이 과정에서 폰을 한 개도 잃지 않도록 주의해야 합니다. 상대가 위험 없이 포획할 수 있는 어떤 자산을, 그게 폰이라 해도 제공을 한다면, 그걸 잡으면 한두 수 정도 완전한 전개가 지연된다고 해도 제공된 기물을 잡는 게 좋습니다. 만약 그 포획의 결과로 완전한 전개가 두 수 이상 지연된다면 포획을 할지 의심해 봐야 합니다. 그런 경우, 백 기물들에는 위험이 따를 수 있지만 흑 기물들은 매우 드문 경우를 제외하고는 위험하지 않습니다. 이 문제에 대해서는 확실한 규칙을 정할 수 없습니다. 플레이어는 자신의 판단력을 사용해야 하며, 맞서고 있는 상대의 특징도 고려해야 합니다. 그리고 캐슬링은 일반적으로 킹사이드에서 행해져야 하는데, 보통 더 안전하기 때문입니다. 이를 설명하기 위해 아래 예를 제시합니다.

1	e4	e5

이 행마로 백과 흑 모두 비숍들 중 하나와 퀸을 위한 길을 열게 됩니다. 같은 효과를 내는 다른 수는 단 하나, 1 d4뿐이며, 따라서 이 두 수를 가장 좋은 오프닝 수로 간주해야 합니다.

2	Nf3	Nc6

백은 나이트를 꺼내는 동시에 흑 폰을 공격하고, 흑은 폰을 방어하는 동시에 기물을 전개합니다. 우리가 기물이라고 말할 때는 비숍, 나이트, 룩, 퀸과 같은 큰 기물만을 의미하며, 폰 승진의 대상이 되지 않는 폰이나 킹을 의미하는 게 아니라는 점을 명심해야 합니다.

3	Bb5

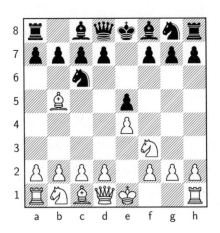

이것은 가장 오래되고, 가장 견실하고, 가장 좋은 오프닝 중 하나인 루이 로페즈Ruy Lopez를 구성합니다. 이제 흑이 진행할 수 있는 몇 가지 길이 있습니다. 우리는 무작위로 하나를 택하겠습니다.

3	...	Nf6

| 4 | 0-0 |

흑은 이제 ...Be7 또는 ...d6를 둬서 전개를 진행해야 합니다. 하지만 백이 트로이의 목마로 제공한 폰을 잡아서는 안 됩니다. 흑이 폰을 잡는다면, 백은 **5 d4**를 둬서, 결국 계속 관심을 두고 있던 폰을 얻어 전개에서 큰 이점을 얻게 될 것입니다.

또 다른 예가 있습니다.

| 1 | e4 | e5 |
| 2 | Nf3 | Bc5 |

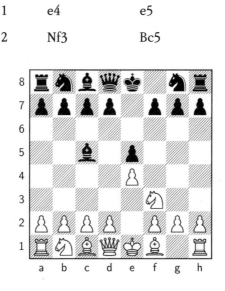

흑은 전개를 위한 시간을 벌려고 백에게 자신의 폰을 바칩니다. 앞서 설명한 이론에 따르면, 여기서 백의 전개는 단 한두 수만 지연되기에 그것을 받아들여야 합니다. 이러한 모든 경우에 고려해야 할 사안은 당면한 위험이 무엇인지 확인하는 것이며, 아무 문제도 보이지 않으면 폰을 잡고 결과와 대면하면 됩니다.

빈번한 경험을 쌓으면 언제 취해야 하고 언제 거절해야 하는지를 익힐 수 있습니다.

이제 d파일 폰의 오프닝에 대해 알아보겠습니다.

1	d4	d5

이 폰의 전진으로 퀸과 비숍 모두에게 길이 열립니다. 이전 오프닝과 다른 점은 폰이 (퀸에 의해) 방어된다는 점인데, e파일 폰이 전진하는 경우에는 그렇지 않습니다. 이 상황은 이 수를 가장 강력한 오프닝으로 간주하는 판단을 지지하게 만드는 한 가지 근거입니다. 그러나 이에 대한 논의는 당분간 우리가 지금 논하는 범위를 벗어납니다. 우리는 배움의 목적을 위해 현재로선 d4를 e4보다 더 나을 게 없다고 여길 필요가 있습니다.

2	Nf3	Nf6

일반적인 규칙에 따라 양측은 킹스 나이트를 꺼냅니다.

3	c4	

이것은 퀸스 갬빗Queen's Gambit 오프닝을 구성합니다. 경험에 의하면 이 수를 두는 게 바람직합니다. 사실 모든 퀸사이드 오프닝에서, 만약 백의 의도가 퀸스 나이트를 c3에 두는 것이라면, 먼저 c4를 두는 것이 가장 좋은 수로 밝혀졌습니다. 퀸스 나

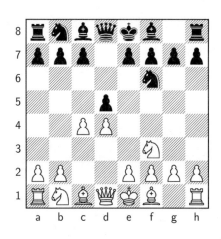

이트를 d2에 두려는 의도일 때는 다른 것을 먼저 움직일 필요가 없습니다. 퀸스 갬빗에서는 백이 폰을 공짜로 제공하는 것처럼 보이지만, 경험에 따르면 흑은 이 백 폰을 잡은 자신의 폰을 위험 없이 유지할 수가 없습니다. 우리는 이제 앞서 명시된 원칙들의 한 가지 사례를 갖게 됩니다. 즉, 백은 전개에서 한두 수를 얻을 수 있으면 폰을 제공할 수 있으며, 흑은 자신의 전개가 너무 지연되지 않는다면 그 선물을 받아도 됩니다.

3	...	dxc4
4	Nc3	Bf5

흑은 앞서 설명한 일반 이론에 따라 가능한 한 빨리 자신의 기물들을 꺼내고 싶어합니다. 백은 4 Qa4+에 이어 5 Qxc4에 의해 즉시 폰을 되찾을 수 있지만, 그렇게 하면 그의 전개는 지연되기에 서두를 필요가 없습니다. 게다가 퀸보다 작은 기물들이

나와서 무언가를 하기 전에, 게임 초기에 퀸을 꺼내는 일은 일반적으로 나쁜 정책입니다.

5	e3	e6
6	Bxc4	Be7
7	0-0	0-0

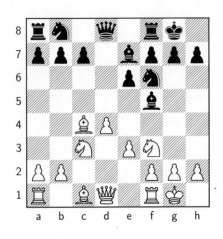

게임은 이제 순조롭게 진행되고 있습니다. 오프닝은 많은 교과서에서 볼 수 있는 잘 알려진 고전적인 라인을 따르지 않고 현재 책에서 설명하는 단순하고 일반적인 체계를 따랐습니다. 나중에 이 책의 2부에서 우리가 정도正道에서 크게 벗어나지 않았음을 알게 될 것입니다. 사실, 전문가들을 상대로만 여기서 정석적인 전개가 부족하다는 게 발견될 것이며, 그것은 흑 쪽의 문제이고 이 책이 논할 범위를 벗어난, 이 오프닝 자체가 가진 특징 때문입니다. 독자들이 여기서 깨달아야 할 가장 중요한 것은 게임이 점진적으로 전개되는 보편적인 방식입니다. 그것은 바로

비숍보다 먼저 나이트를 꺼낸 다음 다시 나이트 또는 비숍을 꺼낸 후에 퀸을 움직이지 않으면서 캐슬링을 하는 것입니다. 가장 가치 있는 기물인 퀸은 적절한 지원 없이 꺼내서는 안 됩니다. 그녀를 보호하거나 그녀의 일을 돕기 위해선 그녀보다 작은 기물들이 필요합니다.

이제 오프닝과 관련하여 몇 가지 추가 사항을 고려해 봅시다. e4, d4, e5, d5는 중앙 칸입니다. 이것들은 게임의 일반 이론과, 특히 오프닝에서 가장 중요합니다. 이 중앙 칸들의 통제는 완전하고 견실한 전개를 위해 필수적입니다. 중앙 통제는 또한 미들게임을 하는 동안 킹에 대한 성공적인 공격을 위해 필수적입니다. 그리고 마지막으로, 적의 중앙을 부수는 일은 오프닝과 미들게임 모두에서 수행해야 할 전략적 이점 중 하나입니다. 덧붙여 이것은 오프닝과 미들게임의 밀접한 관계를 보여 줍니다. 오프닝의 원리 중 일부는 미들게임의 원리이기도 하며, 미들게임의 원리 중 일부는 엔드게임의 원리이기도 합니다.

오프닝으로 돌아와서, 우리는 대부분의 갬빗(즉, 폰을 바치는 오프닝)의 주요 목표 중 하나가 상대방 중앙의 해체임을 발견하게 됩니다. 퀸스 갬빗을 예로 들겠습니다.

| 1 | d4 | d5 |
| 2 | c4 | |

여기서는 고려 사항과 별개로, 백은 흑이 중앙에서 우위를 차지하도록 유도합니다. 그리고 d5에서 흑 폰을 제거함으로써 백

은 중앙의 통제권을 획득합니다. 킹스 갬빗King's Gambit도
마찬가지입니다. 이는 다음과 같습니다.

1	e4	e5
2	f4	

여기서도 e5의 흑 폰을 끌어내어 중앙을 장악하기 위한 백 폰
이 바쳐집니다. 위의 원칙을 염두에 두고 이제 다른 오프닝에 대
해 살펴봅시다.

1	e4	e5
2	Nf3	Nc6
3	Bc4	Bc5

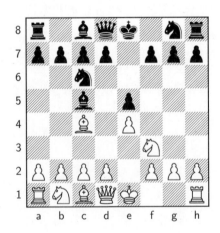

이 오프닝은 '느린 게임'을 의미하는 이탈리아 단어인 **주오코
피아노**Giuoco Piano라고 불립니다. 오프닝의 이름은 아마도

전개가 체계적이고 양쪽 다 안정적이기 때문일 듯합니다.

4	0-0	Nf6
5	d3	d6
6	Be3	Bb6

흑 비숍은 백 비숍을 잡을 수 있었지만, 백은 그걸 f파일 폰으로 다시 잡으면서 중앙을 e3 폰으로 보강할 수 있습니다. 더블 폰(하나의 파일에 늘어선 두 개의 폰)의 보유는 보통 단점이지만, 오프닝에서는 중앙을 향해 더블 폰이 세워질 경우 더블 폰의 단점을 능가하는 보상을 받게 됩니다. 이 특별한 경우, 즉 더블 폰이 만들어진 경우에는 흑이 f1에 있는 백 룩의 파일을 열게 되어, 아무 일도 하지 않던 매우 강력한 기물을 행동하게끔 만들게 되는 추가 고려 사항이 있습니다. 따라서 의견의 균형추가 6...Bxe3와 대비되는 텍스트 무브text move(원래 기보에서 행해진 행마를 가리키는 단어로, 여기에서의 텍스트 무브는 6...Bb6)로 기울어지는 것은 당연합니다.

7	Nbd2	0-0
8	c3	Be6

흑은 백의 기동을 동일하게 반복합니다. 하지만 상황은 같지 않습니다. 백은 이제 완전히 전개했고, 게다가 마지막에 둔 c3를 통해 이미 흑의 중앙으로의 진격 준비를 마쳤기 때문입니다.

9	Bxb6	axb6
10	Bxe6	fxe6
11	Qb3	Qd7
12	d4	exd4
13	cxd4	

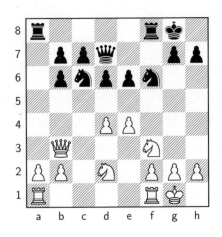

오프닝이 끝났습니다. 백이 중앙을 장악했지만 흑의 포지션은 탄탄합니다. 백은 기물들을 위한 조금 더 많은 자유를 갖고 있지만, 흑은 룩을 위한 두 개의 오픈 파일을 갖고 있고, 반면 백은 단 하나의 오픈 파일인 c파일을 갖고 있습니다. 모든 것을 고려해 볼 때 백은 포지션에서 약간의 이점이 있지만, 이기기에는 충분치 않을 것입니다. 백 측은 엄밀하게 운영하면 포지션에서의 약간의 이점을 항상 가질 수 있는데, 이는 그가 주도권을 가질 수 있는 선수先手를 둘 수 있으며 주도권을 쥐면 유리하기 때문입니다. 이 예제로 1부에서의 오프닝에 대한 논의를 끝내겠습니다.

2. 미들게임

미들게임에서는 가능한 한 상대 킹에 대한 직접 공격으로 이어지는 콤비네이션을 추구해야 합니다. 사실 이것은 킹에 대한 공격이든 다른 기물에 대한 공격이든 상관없이 모종의 포지션적 또는 자산적 이익을 꾀하기 마련인 전문가적 관점은 분명 아닙니다. 하지만 초급자는 킹에 대한 공격을 포함하는 콤비네이션을 주로 연습해야 합니다. 그것은 관련된 게임의 종류 때문에 더 많은 즐거움을 줄 것이고, 동시에 더 발전된 단계에 도달할 그날을 위해 매우 필요한 연습이 될 것입니다. 킹을 직접 공격하거나 그러한 공격으로 이어지는 콤비네이션을 구축할 때 초급자는 폰, 나이트 또는 비숍 정도 자산의 희생을 주저해서는 안 됩니다. 그러나 퀸은 말할 것도 없고, 룩 수준의 희생은 극도로 조심해야 합니다. 이 기물들은 바로 메이트 할 수 있을 때만 희생시켜야 합니다. 그렇지 않으면 성공 가능성은 사실상 없습니다.

이 점들을 다루는 몇 가지 예제를 제시하겠습니다.

앞 다이어그램은 백 차례인 간단한 포지션입니다. 자산은 양쪽이 동일하지만 백은 오픈 파일을 가졌을 뿐만 아니라 퀸과 비숍을 상대 킹을 표적으로 하는 공격 포지션에 놓을 수 있다는 장점이 있습니다. 흑의 차례면, 그는 ...Ne5 또는 d8에 룩들 중 하나를 둬서 게임을 재빨리 균등하게 만들 수 있었습니다. 따라서 백은 1 e5를 둬서 선수를 쳐야만 합니다. 만약 여기에서 흑 나이트가 이 폰을 잡는다면, 1...Nxe5 2 Nxe5 Bxe5 3 Qh7+ Kf8 4 Rd7으로 메이트가 뒤따릅니다. 그러면 흑은 g파일 폰을 전진시켜야만 h8에서의 체크를 막을 수 있는데, 그때 백은 Qxf7#를 둘 수 있기 때문입니다. 이는 매우 단순한 경우이며, 흑은 백이 제안한 폰을 가져가지 말았어야 했습니다. 하지만 다시 다이어그램으로 돌아가서 흑이 가장 좋은 수를 둔다고 가정해 봅시다.

1	e5	g6
2	Qe4	Rad8
3	Qf4	

이제 백은 킹에 대한 뛰어난 공격을 갖게 됩니다. 그러나 사실 저로선 여기서 백이 엄밀한 플레이로 포지션으로부터 승리를 발전시켜야 한다고 생각하게 됩니다. 그러나, 현재의 연구생은 그러한 측면에 관심을 가질 게 아니라 자신의 기물을 공격 포지션으로 만드는 방법에만 관심을 가져야 합니다. 다음 예시에서 그 문제를 더 깊이 연구하겠습니다.

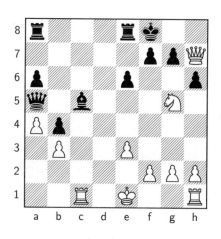

위의 예는 1915년 말 라이스 메모리얼 토너먼트의 카파블랑카-슈뢰더Alfred Schroeder 경기에서 가져왔습니다. 이것은 가장 안전한 코스가 항상 최선은 아니며, 진취성이야말로 빈번한 보상을 보장한다는 사실을 보여 줍니다. 입문자에게는 정확한 플레이를 기대하지 않는 법입니다. 현재 시점에서 우리가 걱정하는 부분은 그의 스타일입니다. 따라서 킹을 향한 직접적인 맹공으로 승리할 수 있는 포지션을 보여 주어야 한다고 강조하고자 합니다. 다이어그램의 포지션에서 백은 다음과 같이 안전하게 플레이할 수 있었습니다.

1	Ne4	Bb6(최선)
2	Rc6	Qf5(매우 최선. 이와 다른 수면 백이 쉽게 승리)
3	Qxf5	exf5
4	Nd6	Reb8

5	Nxf5	Rc8
6	Rxc8	Rxc8
7	Kd2	

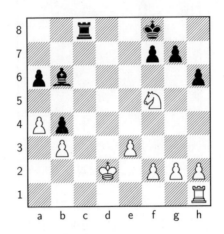

백의 7 Kd2는 7...Rc2를 방지하는 동시에 룩을 위한 자리를 마련하여 만약 흑이 7...Rc3를 두면 폰을 보호하는 8 Rb1을 둘 수 있게 합니다. 이 모든 것의 결과는 백 폰이 앞서는 엔딩이며, 엄밀한 플레이의 승리를 확신하게 할 것입니다. 하지만 시간이 걸리고 많은 주의가 필요합니다. 대신에 백은 공격을 위해 다음 과 같이 됐습니다.

(75쪽 다이어그램)

1	Qh8+	Ke7
2	Qxg7	hxg5
3	Qxg5+	Kd6

흑 킹은 비숍을 보호하기 위해 이동해야 했으며, 따라서 모든 백 기물들의 공격에 노출됩니다.

| 4 | Ke2 | Rac8 |
| 5 | Rc4 | Kc6 |

흑은 킹을 안전하게 만들길 원하며, 기회가 왔습니다.

| 6 | Rhc1 | Kb6 |

지금 흑은 매우 안전하지만, 백은 모든 흑 기물이 핀pin(공격을 받은 말이 뒤에 자신보다 더 큰 가치의 말이 있어서 움직이지 못하는 상태) 또는 차단되어 있다는 사실을 이용합니다. 즉, 흑 퀸은 전혀 움직일 수 없고, 킹은 비숍의 상실 없이는 움직일 수 없으며, c8의 룩은 비숍을 방어하느라 떠날 수 없고 비숍은 룩의 상실을 막아야 해서 움직일 수 없습니다. 이렇게 흑의 기물들은 고정되었습니다. 그리고 백은 흑의 시간 소모를 이용하여 자신의 자유로운 폰을 8랭크로 가져가 퀸으로 만들기 위해 전진하기 시작합니다. 따라서

| 7 | h4 |

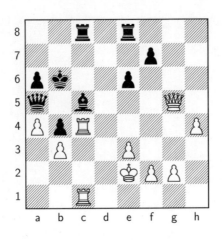

7	...	f5
8	Qg7	

8 Qg7은 퀸이 e5로 돌아오기 위해 흑의 기물들을 묶어 두고 최대한 압력을 가하며, 또한 폰이 퀸이 되기 위해 가는 칸인 h8 를 보호합니다.

8	...	Re7
9	Qe5	Rc6

9...Rc6는 큰 실수지만 흑의 게임은 이미 절망적이었습니다.

10	Rxc5	**기권**

만약 흑이 10...Rxc5를 뒀다면 백은 11 Qd6+ 흑 킹 이동 12

Rxc5로 퀸을 치고 흑은 또한 다른 룩을 잃었을 것입니다. 하지만 다시 다이어그램으로 돌아가서 흑이 7...f5 대신 최선의 수를 둔다고 가정해 봅시다.

7	...	Rc7

그러면

8	h5	Rec8
9	h6	Bd6

9...Bd6는 흑이 룩을 잃지 않고 비숍을 움직일 수 있는 유일한 장소입니다.

10	Qxa5+	Kxa5
11	Rxc7	Rxc7

11...Bxc7은 안 됩니다. 12 Rc6로 모든 흑 기물들이 마비되기 때문입니다.

12	Rxc7	Bxc7

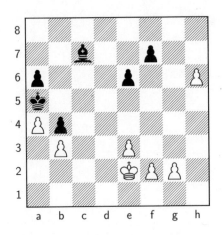

　지금 매우 흥미로운 상황에 있습니다. 흑은 물질적으로는 전투에서 우위지만, 그의 킹은 퀸사이드에 있는 반면, 중요한 이슈는 킹사이드에서 결정됩니다. 그리고 폰들을 제외하고는 보드에 기물이 거의 없는 엔드게임에서 킹을 중요한 현장에서 멀리 두는 것은 보통 치명적입니다. 이제 백은 흑이 킹을 데려오기 전에 폰을 퀸으로 만들어야 합니다. 그래서 그는 다음과 같이 둡니다.

13	f4	Bd8

　백은 h7을 두고 싶어하고 그 다음에는 폰을 퀸으로 만들고자 합니다. 흑은 자신의 비숍을 h8 칸을 통제할 수 있는 f6에 배치하여 그 일을 막으려 합니다.

14	g4	Bf6
15	g5	Bh8

16	e4	Kb6

흑 킹이 킹사이드로 이동하기 시작합니다만, 불행하게도 너무 멀리 있어서 제시간에 도착할 수 없습니다.

17	f5	exf5
18	exf5	Kc5
19	g6	fxg6
20	fxg6	

그리고 흑은 21 g7에 대한 방어를 할 수 없습니다. 이것은 겉보기에 지루해 보이는 경기가 갑자기 얼마나 활기차고 흥미진진해질 수 있는지를 보여 줍니다. 또한 엔딩에서 시간 요소의 커다란 중요성과, 킹이 엔드게임에서 때로는 방어적인 기물로 때로는 공격적인 기물로써 할 수 있는 중요한 역할을 보여 줍니다. 이 예제는 전문가에게 있어서는 전체적으로 그리 가치 있지는 않지만, 연구생들이 항상 명심해야 하는 여러 가지 보편적인 원칙들을 포함하기 때문에 일반적인 플레이어들에게는 매우 유용할 것입니다.

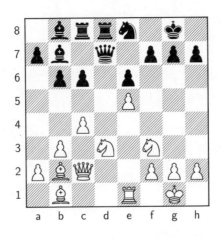

앞서 예제에 비추어 백 차례인 위의 상황을 분석해 봅시다. 자산적 측면에서 흑이 나이트에 대응하는 룩을 갖고 있다는 사실만 빼면 됩니다. 그것은 이미 결정된 흑의 이점이며 즉각적인 위험이 없다면 충분히 극복할 수 있습니다. 그러나 **포지션**과 관련된 스펙터클한 변화가 있습니다. 흑은 자신의 퀸과 룩을 모두 올림으로써 오픈 파일을 잡았습니다. 백은 d3 나이트 포지션으로 흑의 즉각적인 시도를 차단하고 있지만 순전히 방어적 성격이며, 만약 다른 보상이 없다면 흑 쪽의 물질적 우세가 문제를 결정할 것입니다. 그러나 백은 수를 갖고 있으며, 그의 나머지 기물들은 흑의 기물들보다 더 잘 배치되어 있습니다. 그러므로 그는 시간 요소뿐만 아니라 포지션 요소도 이용할 수 있습니다.

양쪽 기물들의 포지션을 더 살펴 봅시다. 흑은 두 개의 비숍이 막혀 있는데, 하나는 e5의 백 폰에 의해, 다른 하나는 c6의 자신의 폰에 의해서입니다. c8에 있는 그의 룩은 현재 아무 역할도 하지 않고 있으며 공격이나 수비 포지션으로 기동하려면 시간이 필요합니다. e8에 있는 그의 나이트는 순수하게 수비적인 포지션에 있습니다. 그러나 킹 근처에 수비적으로 배치된 하나의 기물이라는 사실은 방어적인 관점에서의 포지션을 좋게 만들고, 그가 가진 물질적 장점이 이 상황을 유리하게 만듭니다. 흑 나이트 포지션의 한 가지 나쁜 점은 자신의 기물들의 이동을 차단하고 킹을 방어하는 쪽으로 넘어가지 못하게 한다는 점입니다. 전반적으로, 보드를 보면 흑의 포지션이 갑갑하다는 걸 알 수 있습니다. 만약 흑이 수를 낸다면, ...c5를 둬서 포지션을 상당 부분 완화하는 동시에 공격을 시작할 수 있을 것입니다. 그 수에 의해 그는 백 킹사이드를 무너뜨리고 백의 공격력을 감소시키는 ...Bxf3를 두겠다고 위협할 것입니다. 온갖 저항에도 불구하고, 흑에게는 게임을 유리하게 결정할 충분한 가능성이 있습니다. 그러므로 백은 흑 폰의 전진을 막는 일이 필요합니다.

　이제 질문을 백 쪽으로 돌려 봅시다. 백의 모든 기물들은 꽤 잘 배치되어 있습니다. b1의 비숍을 제외한 모든 기물들은 기동성이 충분하며 보드의 한쪽에서 다른 쪽으로 빠르게 이동할 수 있습니다. 게다가, b1 비숍은 흑 킹에 대한 숨겨진 공격에서 퀸을 지원하는데, 이는 d3의 나이트가 전진하는 즉시 전개될 공격입니다. 이로써 백 포지션에 대한 일반적인 조사가 완료되었으며, 이를 통해 흑의 c파일 폰의 진전을 막고 d3에 있는 나이트를 전진시키는 두 가지 주요 고려 사항이 있음을 알 수 있습니다. 첫 번째 목표는 1 c5에 의해 쉽게 달성될 수 있습니다. 이것은 좋은 수지만 효과는 다소 느리고, 흑이 숙련된 방어를 하면 게임에서 지지 않고 빠져나갈 가능성이 있습니다. 두 번째 목적은 나이트를 b4나 f4 또는 c5로 이동함으로써 달성될 수 있습니다. 첫 번째 수는 나이트가 아무 일도 하지 않은 채 퀸사이드에 서게 할 것입니다. 그러므로 그것은 나쁜 수일 것입니다. 두 번째 수는 나이트를 킹사이드 쪽으로 공격하게 할 것이고, 따라서 보편적 관점에서 볼 때 훌륭한 수가 될 것입니다. 하지만 흑은 1...g6를 둬서 포지션을 방어하고 재앙에서 벗어날 수 있습니다. 세 번째 수인 1 Nc5가 원하는 목표를 달성하는 동작입니다. 흑 c파일 폰의 전진을 차단하고, 퀸을 공격함으로써 흑이 자신의 킹에 대한 공격을 방어하지 못하게 합니다. 이때 나이트를 포기해야 하겠지만, 저는 성공 가능성이 있을 때마다 그런 전술을 권했습니다. 어떤 일이 일어나는지 봅시다.

| 1 | Nc5 | bxc5 |
| 2 | Qxh7+ | Kf8 |

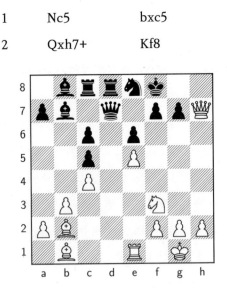

백은 이미 그가 원하는 대로 할 수 있습니다. 그가 **3 Qh8+**

Ke7 4 Qh4+를 두면 흑이 자신의 킹을 f8로 돌아가게 하는 것보다 더 나은 일을 할 수 없기 때문에 영구적 체크에 의한 무승부를 만들게 됩니다. 이러한 조건에서 백은 더 나은 방법이 있는지 여부를 고려할 수밖에 없으며, 3 Ba3를 둬서 자신의 모든 자산을 돌려받을 수 있다는 흥미로운 사실을 알게 됩니다.

3	Ba3	Bd6

흑은 백의 Bxc5+를 내버려 둘 수 없기에 3...Bd6는 즉각적인 재앙을 피할 수 있는 유일한 방법입니다.

4	exd6

백은 4 Rd1으로도 이길 수 있지만, 더 많은 복잡성으로 이어질 수 있습니다. 그리고 승리를 위한 가장 좋은 절차는 실수의 가능성을 피하기 위해 가장 간단한 방법으로 끝내는 것입니다.

4	...	Nxd6

4...Qxd6는 더 나은 수가 아닙니다.

5	Bxc5	Ke7
6	Ne5	Qe8
7	Rd1	Qh8

8	Qxh8	Rxh8
9	Rxd6	Rhd8

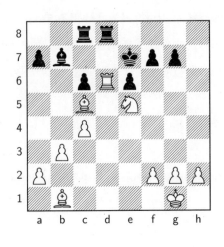

10	Rd7+	Kf6

만약 10...Ke8면 11 Re7+에 이어 12 Rxb7+.

11	Rxf7+	Kg5

11...Kxe5면 12 f4로 메이트.

12	Be3+	Kh4
13	Rf4+	Kh5
14	Bg6+	Kg5
15	h4+	Kh6

백은 이제 어떤 칸으로 룩을 옮겨도 e3의 비숍으로 상대를 체크메이트 합니다. 이 포지션은 연구생에게 기물 동작의 조정이 어떤 역할을 하는지 볼 수 있도록 끝까지 이동시켜 봤습니다. 특히 킹에 대한 직접적인 공격을 수행할 때, 기물 동작의 조정이야말로 미들게임의 주요 특징입니다. 이 예제를 끝으로 우리는 당분간 미들게임을 떠나 시간 요소가 가장 중요해지는 엔드게임으로 넘어가겠습니다.

3. 엔드게임

엔딩에서 시간 요소는 매우 중요합니다. 또한 기물 수가 적을수록 단독으로 움직이는 폰이 생길 비율이 훨씬 더 커지기 때문에 자산 또한 더욱 중요해집니다. 오프닝과 미들게임에서는 방어해야 하기 때문에 부담이 되는 경우가 많은 킹은 엔드게임에서는 매우 중요하고 공격적인 기물이 되며, 초급자는 이를 깨닫고 자신의 킹을 최대한 활용해야 합니다. 킹과 폰만 보드에 남아 있는 엔드게임에서 킹은 보통 보드의 중앙으로 진군해야 합니다. 룩이나 작은 기물들만 남은 엔딩에서도 킹은 종종 중앙을 향해 행진해야 합니다. 대개 초급자는 그러한 목적으로 킹을 이용하길 두려워하기에 더 경험이 많은 상대와 대면할 때 장애가 됩니다. 사실 많은 엔딩은 킹의 포지션이나 킹이 보드 중앙을 향해 전진하는 능력에 의해 결정됩니다. 따라서 초급자는 기회가 있을 때마다 그러한 라인을 따라서 연습해야 합니다. 그렇게 함으로써 게임이 더욱 흥미진진하다는 사실을 알게 되고 성공으로 가는 길을 따라 나아가게 될 것입니다.

다음 다이어그램에서는 이 내용을 설명합니다. 백 차례인 다이어그램 포지션에서는 흑 킹이 퀸사이드 폰들에게서 너무 멀리 떨어져 있기 때문에 백이 승리합니다. h8 대신 g8에 흑 킹이 먼저 자리했거나, 백이 폰을 전진시키기 전에 1...Kg8를 둘 수 있도록 흑이 먼저 움직였다면, 백이 숙련된 플레이를 한다고 해도 아마 무승부가 될 것입니다. 이 모든 것은 엔딩에서 시간 요소의 중요성을 분명하게 보여 줍니다. 사실 여기서의 관건은 포지

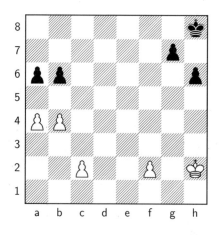

션이나 자산이 아니라 움직임인데, 자산은 양쪽이 동일하고 포지션은 오히려 흑에게 유리하기 때문입니다(흑 세력이 보드 양 사이드에서 균형을 잘 잡고 있는 반면 백 세력은 그렇지 못합니다). 포지션이 균등하게 여겨지기 위해서는 백 폰들이 모두 퀸사이드에 있어야 했습니다. 그럼 그 쪽에 있는 물질적 우세가 흑의 균형 잡힌 세력의 이점을 상쇄할 만큼 충분히 클 것입니다. 이 점은 게임의 전략과 전술에 대한 일반적인 논의에서 중요하기 때문에 제기됩니다. 이는 2부에서 다시 등장합니다.

다이어그램의 포지션으로 돌아가서, 우리는 승리하는 방법이 다음과 같다는 걸 발견합니다.

1	c4	Kg8
2	c5	bxc5
3	b5	

3 b5는 모든 것의 요점입니다. 이때 백이 폰을 되잡았으면 흑은 킹을 제시간에 도착시킬 것입니다. 대신 백은 폰을 전진시켜 흑 킹에서 한 칸 더 떨어진 b파일에서 퀸이 되면 충분히 승리할 수 있습니다.

3	...	axb5
4	axb5	

백은 또한 **4 a5**로 흑 킹에서 한 칸 더 떨어진 곳에서 폰을 퀸으로 만들 수 있습니다. 그러나 이것은 불필요합니다. 그리고 흑에게 더 큰 힘을 허락할 수 있기 때문에 해서는 안 됩니다.

4	...	Kf8
5	b6	Ke8
6	b7	

백은 다음 수에서 퀸을 만들며 손쉽게 승리합니다. 다른 예를 들어 봅시다.

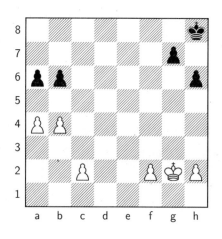

　백 차례인 위 다이어그램 포지션에서 백은 다시 한 번 움직임에서 앞서기에 승리합니다. 이번에는 양측에서 포지션과 힘이 실질적으로 균형을 이루고 있습니다. 흑에게 킹사이드에 있는 자신의 폰들이 단결해 있는 상황은 장점이지만, 그 장점은 미미해서 어떤 성과도 가져올 수 없습니다. 퀸사이드에 있는 백 폰의 포지션은 공격적으로는 유리하지만 방어적으로는 불리합니다. 공격적인 폰은 작전 기지에서 멀어질수록 강하며, 방어적인 폰은 기지에 가까울수록 강합니다. 이 엔딩에서 이 문제를 결정짓는 것은 킹들의 포지션입니다. 흑이 둘 1...Kg8는 백 킹의 돌진을 맞아야 할 처지가 되겠지만, 이 수가 없으면 금세 속수무책이 될 것입니다. 따라서 다음과 같습니다.

1	Kf3	Kg8
2	Ke4	Kf7
3	Kd5	Ke7

4   Kc6

백은 두 개의 흑 폰을 공짜로 획득하게 됩니다. 이 예에서는 시간 요소의 중요성뿐만 아니라 킹이 엔드게임에서 할 수 있는 중요한 역할을 보여 줍니다. 왜냐하면 한 수 앞서는 것이야말로 문제를 결정짓기 때문입니다.

이제 체스보드의 특징과 킹의 이동 방식 때문에, 아래 다이어 그램에 표시된 칸 a8는 백 킹을 1랭크의 어디에 두어도 같은 수 의 이동으로 도달할 수 있음에 주목할 필요가 있습니다.

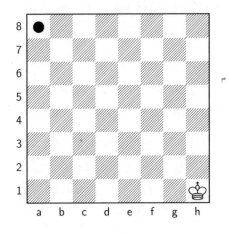

백 킹을 다이어그램과 같이 배치하든, a1, b1, c1, d1, e1, f1, 또는 g1에 배치하든, 그는 a8에 도달하기 위해 정확히 같은 수를 두게 됩니다. 마찬가지로 다음 다이어그램에서 두 킹은 같은 수의 이동으로 c6로 표시된 칸에 도달할 수 있습니다.

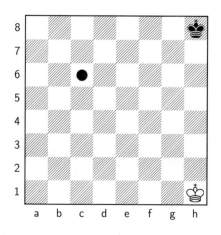

킹이 목표로 하는 칸에 도달하는 데 걸리는 시간에 대한 정확성은 엔드게임에서 가장 중요합니다. 킹-폰 엔딩은 매우 자주 발생하며, 따라서 연구생은 능숙해지는 것이 좋습니다. 능숙해질수록 많은 게임에서 승리할 수 있을 것입니다.

이제 룩과 관련된 엔딩에 대해 알아보겠습니다.

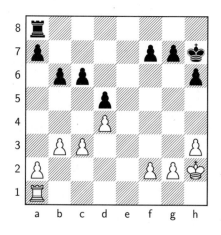

백 차례인 위 다이어그램에서도 움직임이 문제를 결정짓습니

다. 기물들의 포지션은 양쪽이 정확히 똑같습니다. 중요한 것은 시간 요소입니다. 먼저 움직이는 사람이 e파일에 룩을 놓고 이기게 됩니다.

1	Re1	Kg6
2	Re7	c5
3	dxc5	bxc5
4	Rd7	

그리고 백은 폰을 얻습니다. 킹을 다루는 법을 배우면 보통 같은 실력을 가진 플레이어들 사이에서 승리하기에 충분합니다.

이제 킹이 룩과 함께 활용되는 예를 살펴보겠습니다.

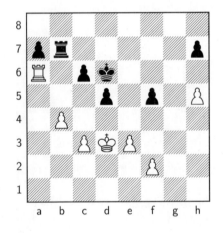

백 차례인 위 다이어그램은 자산적으로는 균등하지만 포지션으로는 백이 유리합니다. 또한 백이 흑의 a파일 폰을 잡으려 하기 때문에 흑 룩은 7랭크를 떠날 수 없습니다. 더구나 흑 룩이 b

파일을 떠나는 즉시 백은 **b5**를 둬서 c파일 폰을 잡겠다고 위협하는 중입니다. 사실 흑은 시간을 날리며 백을 기다리는 것 외에는 할 일이 별로 없습니다. 이 모든 요소들 때문에 백은 자신의 킹을 개입시키지 않으면 이길 수 없었습니다. 따라서 진행은 다음과 같습니다.

| 1 | Kd4 | h6 |
| 2 | f4 | |

2 f4는 흑이 룩 또는 킹을 움직이게끔 강요합니다. 그는 자신의 c파일 폰 때문에 킹을 d7 또는 c7으로만 옮길 수 있습니다. 그러면 백은 **3 Ke5**를 둬서 흑의 f파일 폰을 잡게 됩니다. 그러므로 흑은 룩을 옮겨야 합니다.

| 2 | ... | Re7 |
| 3 | b5 | Rc7 |

흑은 3...Re4+도 둘 수 있지만 백의 **4 Kd3** 이후 그는 c파일 폰을 보호하기 위해 **4...Rc4**를 둬야 하며, 텍스트 무브와 동일한 포지션을 갖게 됩니다.

| 4 | bxc6 | |

4 Rxc6+는 안 됩니다. 왜냐하면 **4...Rxc6 5 bxc6 Kxc6**로

흑이 a파일의 통과한 폰으로 게임에서 이길 수 있는 좋은 기회를 갖게 됩니다.

4	...	Rxc6

4수에서 만약 흑 킹이 e6로 이동하면 백은 5 Kc5를, 그리고 흑 룩이 7랭크의 아무 곳이나 이동하면 백은 5 c7+를 둬서 적어도 폰 한 개를 획득하게 됩니다.

5	Rxa7	Rc4+

5...Rc4+는 백 킹을 몰아내기 위해서입니다.

6	Kd3	Rc7

백이 Rh7으로 흑 h6 폰을 잡겠다고 위협했습니다.

7	Ra8	

백은 룩들을 교환하고 이번 장에서 이미 제시된 것과 유사한 킹-폰 엔딩을 가져와도 이길 수 있습니다. 하지만 텍스트 무브가 더 정확하며, 룩-킹의 콤비네이션 동작을 보여 주는 목적도 있습니다.

7	...	Rh7

이는 백이 h6 폰을 잡을 수 있는 **Rh8**를 위협하기 때문입니다.

8	Kd4	Ke6
9	Re8+	Kd6
10	Rd8+	

이어서 백은 흑 d파일 폰을 잡습니다. 백에게는 두 개의 폰이 더 있으니 게임에서 이기는 데 문제가 없을 것입니다.

4장 게임의 중심 규칙과 규범

체스 규칙은 여러 가지가 있습니다. 보편적으로 사용되는 국제 규칙은 주로 영국 규칙의 개정판을 기반으로 합니다. 국제 대회와 선수권 대회에서 사용되는 규칙을 알고 싶다면 체스연맹을 통해 얻어야 합니다. 그러나 보통은 다음 규칙들로 충분합니다.

1. 어떤 기물이든 만지면 이동해야만 한다. 만약 이동할 수 없으면 페널티는 없다.

2. 둔 수는 되돌릴 수 없다. 만약 큰 실수를 해서 게임에서 질 것 같다면 해야 할 일은 단 한 가지, 즉 우아하게 기권하고 새로운 게임을 시작하는 것이다.

3. 기물 위를 너무 많이 맴돌지 말라. 그것은 비매너적이고 오류로 이어진다. 유명한 독일인 마스터 지크베르트 타라시 Siegbert Tarrasch 박사는 주저하지 않으면서도 섣불리 움직이지 않기 위해 허벅지 밑에 손을 넣은 채 앉곤 했다. 빨리 움직이는 것은 좋지만 섣불리 움직이는 것은 안 좋다.

4. 내기를 걸거나 누가 더 나은 선수인지 알아내기 위해 경기를 할 때는 둘 수 있는 수에 대한 시간 제한을 설정해야 한다. 시간당 20에서 30수는 꽤 느린 속도다. 세계 선수권 대회는 2시간 30분에 40수의 속도로 진행된다(현재는 2시간에 40수). 반면에, 선두급 선수들은 재미를 위해 경기할 때, 한 경기에 10분에서 15분 정도 걸린다. 평범한 선수들은 자연스럽게 더 오랜 시간이 걸릴 텐데 아마도 한 경기에 30분에서 50분

사이일 것이다.

5. 상대 기물을 공격할 때는 경고를 할 필요가 없지만, 킹에 대한 체크는 배려를 해야 한다. 그러므로 체크가 발생할 때 밝히는 게 용이하다.

6. 칸에 기물을 놓고 손이 기물을 떠날 때까지는 어떤 수도 완성되지 않는다. 칸에 기물을 놓은 후 손을 떼기 전에 이동이 실수임을 발견하면 그 기물을 다른 칸으로 이동할 수 있다. 하지만 만약 그 이동이 상대 기물을 잡는 것과 관련이 있고, 이미 상대 기물을 손으로 또는 움직인 기물로 접촉했다면, 그 기물은 가져가야 한다. 여러분이 그 의무에서 풀려날 수 있는 유일한 조건은 의도한 동작이 반칙일 때다. 이 경우에도 만진 기물은 이동해야 한다.

체스 격언

1. 기물 위에서 맴돌지 말라. 그것은 명확한 사고를 방해한다.

2. 오프닝에서는 기물들을 빠르게 꺼내서, 게임 초반에 되도록 킹사이드에서 캐슬링을 하라. 캐슬링은 보통 킹의 포지션을 더 안전하게 만든다.

3. 마지막에 퀸이 교환되고 한두 개의 작은 기물만 폰과 함께 남겨지면 킹을 보드 중앙으로 데리고 나오라. 또한 폰을 빠르게 전진시켜야 한다. 일반적으로 폰 엔딩은 폰을 퀸으로 승진시키는 방법으로만 획득된다. 승리는 종종 빠른 사람에게 돌아간다.

4. 기물들의 동작을 조정하라. 독자적인 기물을 이용한 산발적 습격은 보통 경계심이 강한 상대에게 치명적이다. 또한 게임 초반에는 폰들을 무리지어 유지하는 것이 대체로 좋다.

5. 성급하게 행동하지 말고, 신속하되 의도적으로 움직이도록 자신을 단련하라.

6. 자신의 기질이 공격적인 게임에 부적합하다는 것이 경험으로부터 발견되지 않는 한, 공격적인 게임을 하라. 기회가 날 때마다 주도권을 잡아라. 주도권의 소유는 이점이다.

7. 오프닝에서 비숍들을 꺼내기 전에 적어도 나이트 하나는 데리고 나와야 한다.

8. 오픈 파일에 룩을 올려놓아라.

9. 상상력을 기르기 위해 기회가 올 때마다 콤비네이션 게임을 하라.

10. 질까 봐 주저하지 말고, 행동하라. 어떤 수가 좋다고 생각되면 계속 진행하여 그것을 만들어 보라. 경험이 최고의 선생이다. 이기는 게임보다 지는 게임에서 훨씬 더 많이 배울 수 있음을 명심하라. 좋은 플레이어가 되기 전까지 수백 번의 게임에서 패배해야 할 것이다.

11. 오프닝에서 동일한 기물을 두 번 이동시키지 마라. 그것은 전개를 지연시킨다. 또한 폰에 우선하여 기물들을 이동시켜야 한다.

12. 즉각적인 위험이 보이지 않는 한 제공되는 모든 폰이나 기물들을 잡아라.

독자는 이러한 격언이 모든 경우에 예외가 없는 확실한 규칙이 아니라 일종의 보편적인 지침임을 명심해야 합니다. 그러나 대체로 이것들은 옳습니다. 좋은 선수들은 이 격언들을 따르며, 어느 타이밍에 이 격언들에서 벗어나야 하는지 알려면 전문가가 필요합니다.

18~19세기 인도에서 제작된 체스 기물 ⓒ메트로폴리탄미술관

PART 02

서론

초급자가 게임의 신비에 빠지는 걸 종종 방해하는 다양하고 복잡한 콤비네이션은 평범한 체스 선수를 가장 매력적으로 만드는 능력이기도 합니다. 하나 이상의 기물을 희생시키는 공격이 성공적으로 수행되면, 상상력을 강하게 자극하고 그 신비를 탐구하도록 재촉합니다. 그러나 미지에 대한 자신의 타고난 성향만을 따르면 훌륭한 콤비네이션으로 결과를 얻기 위해 지켜야 하는 분명한 사실과 기본 원칙 들은 때때로 무시되곤 합니다. 모든 것을 고려하면, 상황에 따라 전술은 바뀔 수도 있지만 근본적인 전략 원리는 항상 동일함을 명심해야 합니다.

이 책의 첫 부분에서 이미 언급했듯이, 체스 게임은 공부와 이론의 목적을 위해 오프닝, 미들게임, 엔드게임의 세 부분으로 나뉩니다. 오프닝은 각각 다른 기물들을 행동에 옮기는 과정을 다룹니다. 미들게임은 확실한 결과를 얻기 위해 이 기물들을 사용하는 것을 다루며, 엔드게임은 오프닝과 미들게임의 노력이 합쳐져 만족스러운 결정을 내릴 수 있는 마지막 단계입니다. 물론 이는 큰 실수나, 어느 쪽도 기본 원칙을 위반하지 않고 잘 싸운 게임에 대해 말하고 있는 것입니다. 어느 한쪽이 치명적 실수를 저지르거나 기본 원칙을 위반한 경우 게임은 빠르게 끝날 가능성이 높아집니다. 전문가들 사이에서는 한쪽의 큰 실수가 상대에게 너무 유리해서 계속하는 것이 의미없다고 여겨지기도 하기에, 어떤 게임은 오프닝에서 바로 끝납니다. 많은 시합들이 미들게임에서 끝났는데, 한쪽이 저지른 어떤 실수를 통해 다른 플레이어가 메이트나 자산의 이점을 만들어 내서 계속하는 것을 헛되게 할 수 있었기 때문입니다. 이러한 결과들을 얻으면서 마스터들은 때때로 매우 아름다운 콤비네이션을 많이 발전시켰습니다. 이는 체스 선수들에게는 세대를 관통하는 즐거움이었습니다. 그러나 전문가들 사이에서는 악전고투 끝에 엔드게임에서 승부가 가려지는 것이 일반적입니다.

대부분의 교과서는 오프닝에 대해 다루는데, 전문가에게는 다소 유용하지만 일반 플레이어에게는 큰 가치가 없는 매우 기술적인 방식으로 다룹니다. 엔드게임에 관한 대부분의 책들도 마찬가지일 것입니다. 미들게임에 대해서는 거의 아무것도 쓰여지지 않았습니다. 미들게임에서는 순수한 기술적인 논의가 적합하지 않습니다. 최고의 선수들만이 이 주제에 관한 흥미로운 글을 쓸 수 있었고, 리더급 선수들은 자신들의 방법을 논의하려는 경향을 드물게나마 보였습니다. 이러한 논의는 최상위권을 추구하는 사람들에게 매우 흥미로울 것입니다.

무엇을 하고 무엇을 하지 말아야 하나

보통의 플레이어들에게 공부 목적으로 추천할 만한 책은 거의 없습니다. 그러한 목적의 몇 권의 책들은 통상적인 노선을 따라 쓰여져 있습니다. 제 생각에, 그 주제에 접근하는 적절한 방법은 이 책에 나온 방법입니다. 게임의 향상을 원하는 사람들을 위해 따라야 할 계획은 이러한 책을 지침으로 삼고, 일반 원칙을 배우고, 본문에 나온 일반적인 라인을 따라한 다음, 연습하고, 연습하고, 더 많이 연습하는 것입니다. 가능한 한 더 나은 선수들과 두도록 하고, 자신보다 약한 선수들과 둘 때는 이기기 위해 노력할 수 있게끔 스스로에게 작은 핸디캡을 주십시오. 무승부 승리 (즉, 무승부면 상대의 승리로 간주하는 게임)를 주거나, 수 바꿈을 인정하는 식으로, 무승부와 수에서 핸디캡을 주는 것입니다. 또한 폰과 수에서 핸디캡을 줄 수도 있는데, 이 경우는 f파일 폰을 내주는 것입니다. f파일 폰 외의 다른 폰은 이점이 쉽게 뒤집어질 수 있는 전개에서의 보상을 제공하기 때문입니다. 또한 이 경우에 상대는 백 기물을 잡고 먼저 움직이게 합니다. 이러한 조건에서 백의 최선의 수는 1 e4입니다.

나이트에 핸디캡을 줄 수도 있습니다. 대신 그런 경우에는 핸디캡을 가진 쪽이 백 기물을 가지고 먼저 움직여야 합니다. 어느 쪽 나이트든 줘도 되지만, 퀸사이드 나이트를 주는 것이 보편적인 관습입니다. 그보다 더 큰 핸디캡은 안 됩니다. 힘의 균형을 너무 크게 불균형하게 만들어 게임에 좋을 수가 없기 때문입니다. 전문가들과 경기를 할 때는, 상대가 부과되는 모든 위험을 감수하는데도 불구하고 이기지 못한다고 해서 용기를 잃지 말아야 합니다. 가장 위대한 선수들은 살면서 수백 번 패배했음을 기억하십시오.

게임을 향상시키려고 노력함에 있어, 확실히 전문가로부터 얻는 교훈보다 더 좋은 방법은 없지만, 그러한 교훈이 순수하게 기술적인 성격을 띠는 경우는 되도록 없어야 합니다. 단순하게 오프닝이나 다른 부분에서의 일련의 수들을 암기하는 것에 만족하지 말고, 연쇄적인 수들 속에서 각 수의 이유를 찾으려고 노력하십시오. 실력이 늘면 제가 이 책과 『체스의 기본』에서 지켜 온 공부와 연습의 방법을 추천합니다. 이 두 권에서 저는 최선을 다해 가장 현명한 원칙을 따라 지도했습니다.

향상 방법

일단 능숙한 플레이어가 되면, 온갖 오프닝의 수많은 변주에 익숙해지기 위해 오프닝에 관한 많은 책들 중 일부를 공부하거나 복습할 때일 것입니다. 그것들은 순전히 전문적인 성격의 책들을 말합니다. 그러나 다시 한 번 저는 그러한 지식이 전문가에게만 유용하다는 사실을 주장하고자 합니다. 그런 지식이 없이도 아주 멋진 게임을 할 수 있는데, 사실 저 자신은 평생 그런 책을 공부한 적이 없습니다. 리더급 플레이어들 중 한 명이 되었을 때만 가끔 책을 들여다봤으며, 다른 어떤 이유보다도 호기심으로 읽어 봤습니다. 이와 관련하여 독자들에게 흥미로울 수 있는 두 가지 일화가 있습니다. 1911년 산세바스티안 인터내셔널 마스터스 토너먼트에서의 어느 날, 저는 저 유명한 타라시 박사와 경기를 하고 있었습니다. 그는 계속적으로 오프닝을 철저히 연구해 온 마스터였습니다. 그는 모든 오프닝에 대한 뛰어난 기술적 지식을 가지고 있었습니다. 그는 백 기물을 잡고 있었고 제가 전에 본 적이 없는 주오코 피아노의 변주를 뒀습니다. 저는 당연한 전개를 어떻게 해야 하는지에 대한 제 생각을 따라 뒀고 10~12수 후에 박사는 숙고하기 시작했습니다. 그는 다음 수를 취하는데 매우 오랜 시간이 걸렸습니다. 그 순간까지 저는 공인

된 권위를 따르는 오프닝에서의 최선의 행마를 보여왔지만, 그때는 책에 없는 수를 선보였고, 그 결과 박사는 게임에서 최선이 아닌 최악의 결과를 얻었습니다. 이는 경기 후 그에게서 제가 책을 잘 알고 있을 뿐만 아니라 책을 더 잘 배웠다는 평을 이끌어냈습니다. 사실 저는 그 당시 오프닝에 대한 책을 한 권도 몰랐으며 이 책에서의 설명과 같은 원칙을 따라서, 둬야 마땅한 라인으로 뒀을 뿐이었습니다.

또 다른 경우, 아바나에 있는 동안 저는 큰 국제 토너먼트에 출전하라는 초청을 받았고 그 제안을 수락했습니다. 1년 넘게 경기를 전혀 하지 않았기에 대회와 조금 동떨어진 느낌이 들었습니다. 아마도 오프닝의 기술적 측면에 대해 새로운 아이디어가 떠올랐고, 그걸 알아보는 게 좋겠다고 생각했을 것입니다. 그래서 당시 가장 유행하고 있던 오프닝으로 둘 수 있는 핵심 라인과 최신의 전개 상황을 담은 책을 문의하여 입수했습니다. 그 책을 다 읽긴 했지만 저에게는 아무 소용이 없다는 사실에 매우 실망했습니다. 책에서 전술적인 실수라는 생각이 든 것뿐만 아니라 훨씬 더 중요한 문제를 발견했고, 또한 일류 마스터를 상대할 때 게임에서 치명적일 수 있는 매우 심각한 전략적 실수처럼 보이는 것도 발견했습니다.

전문가나 전문가에 근접한 이에게 매우 유용한 다양한 종류의 흥미로운 책들이 그 외에도 있습니다. 가장 흥미로운 책 중 하나는 R. 레티Richard Reti의 『체스보드의 마스터들Masters of the Chess Board』입니다. 저는 레티가 직접 쓴 부분만을 언급하고자 합니다. 그는 책이 완성되기 전에 사망했고 다른 누군가가 나머지 부분을 썼는데, 그 나머지 부분은 앞선 부분과 비교가 불가합니다. 퍼즐과 엔딩을 다루는 책과 출판물도 있습니다. 퍼즐 풀기는 상상력을 위한 좋은 연습이기에 추천되어야 마땅합니다. 그러나 퍼즐에서의 포지션은 대부분 인공적인 포지션이며, 실제 게임에서 접할 수 없기 때문에 게임에서 발생할 수 있는 자연스러운 포지션인 경우만큼 유용하지는 않습니다. 그런 점에서 엔딩 풀이는 가장 유용한 형태의 연습입니다. 왜냐하면 사용되는 포지션이 실제 플레이에서 발생할 가능성이 높기 때문입니다. 그러므로 상상력은 퍼즐 풀이만큼 엔드게임 풀이에도 사용되어야 합니다. 더군다나 정확성에 대한 문제도 있습니다. 엔드게임 문제나 구성을 해결하기 위해서는 정확성이 요구되며, 체스 플레이어에게 정확성은 귀중한 자질입니다. 엔드게임 구조는 종종 실제 게임에서 유사하게 발생할 수 있는 상황의 재현이기에, 이러한 문제를 해결하는 능력은 매우 귀중한 자산입니다. 이 점은 아무리 강조해도 지나치지 않습니다.

이제 특정 엔딩과 관련된 원칙에 대한 연구로 돌아가 봅시다.

1장 엔딩

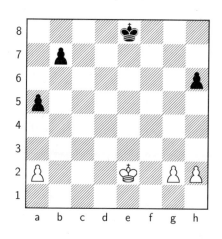

위 다이어그램의 포지션에서 둘의 세력은 동등합니다. 여력이 거의 없습니다. 양쪽에 각각 폰 세 개와 킹이 있습니다.

백 킹은 보드 중앙에 흑보다 더 가깝기에 앞서 설명한 원칙에 따른 이점이 있습니다. 백 폰들은 킹과 일렬로 서 있습니다. 그것은 그들의 포지션을 유리하게, 다른 요소들은 동등하게 보이게 합니다. 이 두 번째 라인의 폰들은 수비적으로 유리하지만 공격적으로는 불리합니다. 전반적으로, 백 포지션은 완벽하게 견고합니다. 이제 흑 쪽을 보도록 하죠. 흑 킹은 폰들 뒤에 있고 백 킹보다 중앙에서 더 멀리 있습니다. 이것은 단점입니다. 흑 폰은 일렬로 되어 있지 않고, 단점도 있습니다. 흑 폰은 백에 비해 수비적으로 불리하지만 공격적으로는 유리합니다. 전반적으로 흑 포지션은 백 포지션이 가진 균형이 부족하면서 그 외의 다른 모든 요소는 동등하기에 그리 좋을 수 없습니다. 이 모든 것은 이론적인 관점에서 볼 때입니다.

실제적인 면에서 볼 때, 만약 흑 차례면 그는 킹을 중앙으로,

즉 그가 우월한 세력을 가진 쪽인 퀸사이드를 향해 전진시킴으로써, 이어서 뒤쳐진 b파일 폰을 전진시켜 a파일 폰과 같은 라인에 세워서 성공적으로 방어할 수 있었습니다. 혹은 자신의 폰이 가진 더 나은 공격적 포지션을 이용하여 백의 균형 잡힌 포지션의 이점을 상쇄할 수도 있었을 것입니다. 하지만 게임은 백 차례이고, 그는 첫 수로 승리 포지션을 얻습니다.

1   a4

이 이동으로 인해 흑은 폰의 진격이 막히는 동시에 폰을 정렬할 수 없게 됩니다. 이 동작에는 체스에서 가장 가치 있는 원리 중 하나인 **두 개를 묶는 한 개**a unit that holds two가 담겨 있습니다. 다시 말해, 1의 힘으로 2의 힘을 잡고 있는 것입니다. 첫 번째 이동 후에는 절차가 비교적 간단합니다.

1   ...   Kd7
2   Kd3   Kc6
3   Kc4   h5

흑은 퀸사이드에서의 진격이 막혔음을 발견하고, 다른 사이드에서 비슷한 상황을 만들려고 합니다.

4   g3

이것은 이 엔딩의 두 번째 핵심 움직임이며, 백은 이러한 상황에 대해 이전에 정해진 원칙 중 하나를 다시 한 번 따릅니다. 즉, **대립이 없는 폰을 전진**advance the pawn that is free from opposition시키는 것입니다. 만약 백이 **4 h4**를 둔다면, 흑은 **4...b6**를 둬서 무승부를 만들 것이며 **4 h3**를 둔다면 **4...h4**를 둬서 이길 것입니다. 연구생은 혼자서 이 모든 걸 해결해 보는 게 좋습니다. 엔딩은 매우 간단하지만, 많은 다양성과 기본 원칙들이 포함되어 있습니다. 시간의 요소는 여기서도 또한 그 많은 측면들 중 하나를 보여 줍니다. 계속합시다.

4	...	b6

흑은 시간을 때우는 일 외에는 아무것도 할 수 없습니다.

5	h3	Kd6
6	Kb5	Kc7
7	g4	

그리고 흑 킹이 자신의 폰에게 붙잡혀 있는 동안 백은 퀸이 되기 위해 갈 것입니다. 흑이 킹을 킹사이드로 이동시켜 백 폰을 막으려 한다면, 백은 흑의 퀸사이드 폰을 모두 잡은 후 자신의 폰을 퀸으로 승진시키게 됩니다.

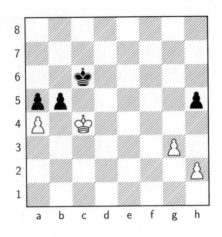

이제 흑이 4...b6 대신 4...b5+를 뒀다고 가정해 보겠습니다. 그러면 5 axb5+ Kb6 6 h3 a4 7 g4 hxg4 8 hxg4 a3 9 Kb3 Kxb5 10 g5로 백 폰이 퀸이 되는 걸 막을 수 없게 됩니다. 우리가 이런 종류의 엔딩에 대해 그토록 오래 고민하고 그에 관한 논의를 그토록 많이 고집하는 것은 엔딩의 중요성과 관련된 원칙의 중요성 때문입니다.

이러한 **유형**의 엔딩은 자주 발생합니다. 얼마 전 어린 마스터들 중 한 명인 오스트리아의 엘리스카세스Erich Eliskases는 다음과 같은 엔딩을 가졌습니다.

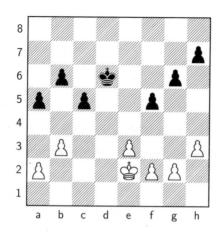

다시금 동등한 세력입니다. 흑 차례라면 1...b5 이후 매우 만족스러운 포지션을 가질 수 있으며 퀸사이드의 폰 라인을 고르게 만들 것입니다. 그러나 지금은 백 차례이며, 그는 즉시 이 책에 명시된 원칙을 다음처럼 적용합니다. 바로 1 a4로 흑의 뒤쳐진 b파일 폰을 묶어 두는 것입니다. 이 절차가 이전 예제와 얼마나 유사한지 관찰해 보십시오. 모든 것은 백이 흑 퀸사이드 폰의 전진을 막거나 체크할 수 있는 반면 흑은 나중에 백 킹사이드 폰의 전진을 막을 수 없는 상황에 달려 있습니다. 승리는 힘의 우위를 점하는 곳에서 더 많은 자유를 갖고 행동하는 이가 차지합니다.

다이어그램으로 돌아가 보겠습니다.

| 1 | a4 | Kc6 |
| 2 | Kd3 | b5 |

백은 3 axb5+에 이어서 4 Kc3를 두거나, 처음부터 3 Kc3를
두면 이길 수 있습니다. 독자는 이 문제를 스스로 해결해 보십시
오. 그렇게 하는 게 유용하고 즐겁다는 사실을 알게 될 겁니다.
흑이 언제든 ...g5를 두면 백은 g4로 응수할 수 있음을 명심해
야 합니다. 어떤 경우든 백의 일반적인 절차는 먼저 f3를 둔 다
음 e4 등등을 두는 것입니다. 요점은 폰 하나를 잡으려면 흑은
퀸사이드를 떠나야 하고, 백은 흑 퀸사이드 폰을 잡는 동시에 자
신의 폰을 퀸사이드에서 퀸으로 만들 수 있다는 것입니다. 하지
만 지금 흑이 1...Kc6를 두는 대신 1...c4를 뒀다 칩시다.

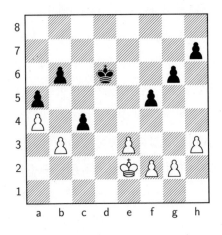

절차는 2 bxc4 Kc5 3 Kd3 Kb4 4 f3 Kxa4 5 Kc3입니다.
5 Kc3는 흑 킹이 자신의 자유로운 a파일 폰의 전진을 위해 빠
져나오는 일을 즉시 막습니다. 5...b5 6 e4 b4+ 7 Kb2 b3 8
e5 그리고 흑은 백 e파일 폰의 퀸 승진을 막을 수 없게 됩니다.

위에 주어진 엔딩들은 다소 빈번하게 발생하는 **유형**입니다.
지금 고려해야 할 점이 하나 있는데, 폰 대형입니다. 독자들은

흑의 대부분의 문제가 폰들 중 하나의 뒤쳐진 포지션에서 발생했음을 알아차렸을 것입니다. 폰 대형은 때때로 매우 중요합니다. 폰은 보통 한 줄로 나란히 정렬될 때 가장 좋습니다. 이들을 전진시킬 때는 가능한 한 대각선 형태를 유지해야 하지만, 가능하면 V자 형태는 피해야 합니다. V자 모양의 대형은 항상 뒤쳐진 폰을 만드므로 하나의 폰으로 두 개의 폰을 멈출 수 있게 합니다. 또한 게임 초기와 미들게임 단계에서 V자 모양의 대형은 폰의 공격으로부터 절대적으로 안전한 폰 사이 공간에 적 기물을 배치할 수 있게 만들 수 있습니다. 나중에 오프닝을 다룰 때 폰 대형에 관한 이 문제로 돌아가게 될 것입니다.

백 차례인 위 포지션에서 백은 동일한 경우를 지배하는 원칙, 즉 **대립이 없는 폰의 전진**을 따라 **1 b4**를 둠으로써 무승부를 이룰 수 있습니다. 그러나 백이 이 원칙을 모르거나 적용의 가치를 충분히 인식하지 못해서 **1 a4**를 둔다고 가정합시다. 그럼 흑은 수준 높은 체스 전략의 기본 원칙 중 하나인 **두 개를 묶는 한 개**

를 적용한 1...a5를 둬서 이길 수 있습니다. 이 경우 한 개의 폰은 두 개의 상대 폰을 묶게 됩니다. 연구생에게는 이 원칙을 아무리 강조해도 지나치지 않습니다. 이것은 여러 가지 방법으로 응용될 수 있으며, 마스터의 손에 쥐어진 주요한 무기들 중 하나입니다.

제시된 예제는 증거가 되기에 충분합니다. 주요 변형의 몇 수를 제공합니다.

1	a4	a5
2	Kg2	Kf4(최선, 이유를 알아보십시오)
3	b4	axb4(최선)
4	a5	b3
5	a6	b2
6	a7	b1Q
7	a8Q	Qe4+
8	Qxe4+	Kxe4

이로써 게임은 흑이 승리하는 킹-폰의 고전적인 엔딩 중 하나가 되는 포지션에 놓이게 됩니다. 이제 그에 대해 잘 모르는 사람들을 안내해 줄 아이디어를 설명하고자 노력해 보겠습니다.

1. 고전적인 엔딩

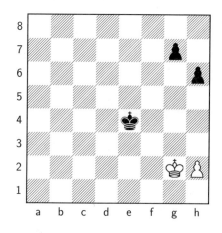

이 포지션에서 백이 취할 최고의 방어선은 그의 폰을 h2에서 유지시키는 것입니다. 폰을 전개하는 즉시 흑의 승리가 더 쉬워집니다. 반면, 흑의 승리 계획은 세 부분으로 나눌 수 있습니다(백이 폰을 진전시키지 않는다고 가정할 때). 첫 번째 부분은 자신의 킹을 h3로 이동시키는 동시에, 폰들의 위치를 그대로 유지하는 것입니다(게임에서 이기려면 이 모든 것이 중요한데, 흑이 백 킹의 위치에 따라 최후방 폰을 한두 칸 전진시켜야 하는 일이 필수적이기 때문입니다).

1	Kg3	Ke3
2	Kg2	

만약 2 Kg4를 두면 2...Kf2 3 h4 g6로 흑이 이기게 됩니다.

2	...	Kf4
3	Kf2	Kg4
4	Kg2	Kh4
5	Kg1	Kh3

첫 번째 부분이 완성되었습니다.

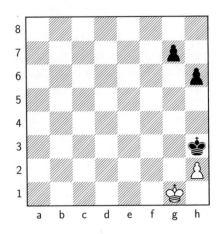

두 번째 부분은 짧은데, 흑 킹 뒤에 있는 h파일 폰을 전진시키는 내용이 될 것입니다.

6	Kh1	h5
7	Kg1	h4

이렇게 두 번째 부분이 끝납니다.

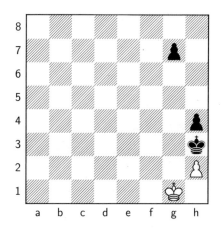

　세 번째 부분은 백 킹이 h1일 때 ...g6를 둘 수 있도록 g파일 폰의 전개 타이밍을 맞추는 것으로 구성됩니다. 이제 백 킹의 포지션에 따라 g파일 폰을 한두 칸 움직일 수 있는 것이 얼마나 필요한지 명백해졌습니다. 이 경우 백의 차례일 때, 백 킹이 코너에 있으면 g파일 폰을 두 칸 전진시킬 수 있지만 흑의 차례라면 백 킹이 g1에 있을 테니 폰은 한 칸 전진해야 합니다.

8	Kh1	g5
9	Kg1	g4
10	Kh1	g3
11	hxg3	

만약 11 Kg1을 둔다면 흑은 11...g2로 응수합니다.

11	...	hxg3

| 12 | Kg1 | g2 |
| 13 | Kf2 | Kh2 그리고 승리 |

연구생이 노력해야 하는 것은 이러한 분석적인 방법입니다. 따라서 어떤 포지션에서도 논리적인 순서를 따르도록 정신을 단련시켜야 할 것입니다. 이 예제는 세 단계로 나누기 쉽고 각 부분의 요점을 설명하기 쉽기 때문에 훌륭합니다.

다음으로 우리가 공부해야 할 주제는 간단한 대립 opposition이지만, 거기에 시간을 할애하기 전에 두 가지 사항에 대한 주의를 환기시키고자 합니다.

2. 통과한 폰 획득

다음 포지션처럼 세 개 이상의 폰이 서로 대립하는 경우, 어느 한쪽에게는 항상 통과한 폰을 얻을 기회가 있습니다.

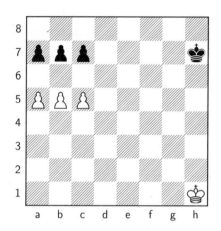

위 포지션에서 백이 통과한 폰을 얻는 방법은 가운데 폰을 전 개시키는 것입니다.

1	b6	axb6

만약 1...cxb6면 2 a6를 둡니다.

2	c6	bxc6
3	a6	

이번 경우에서는 백 폰이 다른 흑 폰보다 퀸으로의 승진에 더

가깝기에 백이 이길 수 있습니다. 만약 흑으로 시작된다면 그 또한 마땅히 해야 할 일입니다. 흑으로는 다음과 같이 진행됩니다.

1	...	b6
2	cxb6	cxb6

이제 흑이 통과한 폰의 획득은 권장되지 않을 것입니다. 백 폰이 통과한 흑 폰보다 퀸 승진에 가깝기 때문입니다.

3	axb6	axb6

원칙적으로 하면 무승부가 됩니다. 연구생은 스스로 이 문제를 해결해 보십시오.

3. 첫 번째로 승진하는 폰을 알아내는 방법

두 폰이 자유롭거나 자유로워질 수 있을 때, 카운트하여 어떤 폰이 먼저 퀸이 될지 알 수 있습니다.

다음 포지션에서는 먼저 움직이는 사람이 승리합니다.

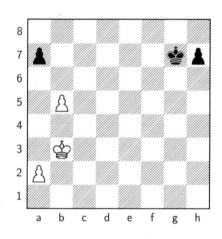

첫 번째는 상대 킹이 통과한 폰을 퀸이 되지 않게끔 막을 수 있는 시간에 맞출 수 있는지 세어 보는 것입니다. 이렇게 할 수 없는 경우, 중요한 것은 어떤 폰이 먼저 들어오는지 세는 것입니다. 이 경우 시간은 동일하지만, 여덟 번째 칸에 먼저 도착하여 퀸이 되는 폰은 상대 퀸을 잡을 수 있는 위치에 놓이게 됩니다. 따라서

| 1 | a4 | h5 |
| 2 | a5 | h4 |

3	b6	axb6

이제 약간의 계산이 필요합니다. 백은 폰을 잡을 수 있지만, 그렇게 하면 흑이 자신의 폰을 퀸으로 만들었을 때의 칸을 공략할 수 없게 됩니다. 따라서 그는 잡는 대신 다음과 같이 움직입니다.

4	a6	h3
5	a7	h2
6	a8Q 그리고 승리	

연구생은 이런 식의 간단한 엔딩들을 다양하게 숙지해서 수를 계산하는 습관을 들이고, 언제 승진할 수 있는지 없는지를 여유롭게 알 수 있도록 습관화하는 게 좋습니다. 책만으로는 운영법을 완전히 익힐 수는 없다는 사실에 다시 한 번 주목해야겠습니다. 책은 오직 길잡이 역할만 할 수 있으므로 나머지는 경험으로 배워야 하며, 동시에 스승을 가질 수 있다면 훨씬 더 빨리 배울 수 있을 것입니다.

4. 대립

킹들을 이동시켜야 할 때, 그리고 한쪽 선수가 강제로 그의 킹을 다음 다이어그램과 비슷한 위치로 데려올 수 있을 때, 그래서 그의 적수가 자신의 킹을 움직여서 길을 비켜주게끔 해야 할 때, 그 이득을 얻는 선수는 **대립opposition**을 갖는다고 합니다.

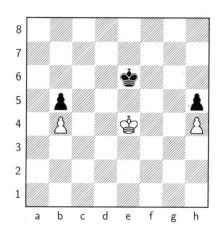

위 포지션에서 백이 먼저 움직인다고 가정해 보겠습니다.

1	Kd4

이제 흑은 1...Kd6를 둬서 백 킹의 통과를 막거나, 원한다면 1...Kf5로 응수하여 자신의 킹을 통과시킬 수 있는 선택권을 갖게 되었습니다. 킹들은 서로 정면으로 대립하고 있고 그 사이에 있는 칸들의 수는 희박합니다. 이 경우에는 한 칸입니다.

대립은 실질적 대립 또는 근접 정면 대립이라고 할 위와 같은 형태를 취할 수 있습니다. 또는 다음과 같은 형태를 취합니다.

이는 실질적 대립 또는 근접 대각선 대립이라고 할 수 있습니다. 또는 다음과 같은 형태가 있습니다.

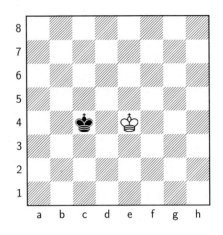

이를 실질적 또는 근접 측면 대립이라고 할 수 있습니다.

실제로 이것들은 모두 한 가지 형태입니다. 즉 킹들은 모두 같은 색깔의 칸들 위에 있고 킹들 사이에 끼어들 수 있는 칸은 하나뿐이며 마지막으로 움직이는 선수가 **대립을 갖습니다.**

이제 연구생이 다이어그램의 게임에서 각각의 킹을 뒤로 이동시키는 번거로움을 감수한다면, 우리는 각각 **면** 정면, 대각선 또는 측면 대립이라고 할 수 있는 것을 보게 될 것입니다.

대립의 문제는 매우 중요하며, 때로는 다소 복잡한 형태를 취하기도 하는데, 이 모든 것은 수학적으로 풀 수 있지만, 현재의 연구생은 가장 간단한 형태만을 고려해야 합니다(이미 주어진 킹-폰 엔딩들의 예제들 중 일부를 살펴보면 몇 가지 확실한 대립 예제가 나타납니다).

모든 간단한 형태의 대립에서, 킹들이 같은 선상에 있고 그들 사이에 있는 칸 수가 짝수일 때는 행마하는 선수가 대립을 갖게 됩니다.

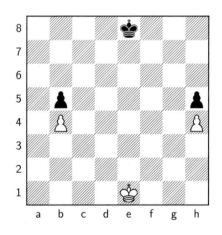

위의 포지션은 대립의 엄청난 가치를 잘 보여 줍니다. 포지션은 매우 간단합니다. 보드 위에는 남은 게 거의 없고, 초보자에게는 포지션이 완전히 동등해 보입니다.

그러나 그렇지 않습니다. **움직이는 쪽이 승리합니다.** 킹이 서로 정면을 보고 있고, 그들 사이에 있는 칸 수가 짝수라는 점을 주목하세요.

지금부터 승리 포지션을 차지하기 위한 절차에 대해 알아보겠습니다. 올바른 시작 방법은 바로 위로 쭉 올라가는 것입니다. 따라서 다음과 같이 전개합니다.

1	Ke2	Ke7
2	Ke3	Ke6
3	Ke4	Kf6

이제 백은 4 Kd5를 둬서 킹과 함께 통과한 폰을 만들거나, 아니면 4 Kf4를 둬서 흑 킹의 통과를 막을 수 있는 선택권을 행사할 수 있으며 대립을 견제할 수 있습니다. 카운트만 해도 두 경로 다 무승부로 이어진다는 걸 알 수 있기 때문에 백은 후자의 경로를 택해 다음과 같이 진행합니다.

4	Kf4	Kg6

만약 4...Ke6를 두면 5 Kg5로 이기게 됩니다.

5	Ke5	Kg7

이제 카운트를 해 보면 백이 흑의 b파일 폰을 잡음으로써 승

리하는 것을 알 수 있습니다.

이 과정은 위에서 제시된 변형으로서는 비교적 간단하지만, 사실 흑은 극복하기가 더 어려운 또 다른 방어선을 가지고 있습니다. 다시 시작해 봅시다.

| 1 | Ke2 | Kd8 |

이제 만약 **2 Kd3 Kd7** 또는 **2 Ke3 Ke7**을 두면 두 경우 모두 흑이 대립을 갖게 됩니다(킹들이 서로 바로 정면에 있고 킹들 사이에 놓인 칸들의 수가 **홀수**일 경우, 마지막으로 움직인 선수가 대립을 가집니다).

이제 이기기 위해서는 백 킹이 진격해야 합니다. 그가 갈 수 있는 곳은 f3 칸만이 남아 있으므로 그곳으로 가는 게 맞습니다. 이러한 경우 상대가 소위 대기 동작waiting move(상대에게 위협을 가하지 않고 이동의 의무만 주는 수)을 할 때, 킹들 사이에 빈 랭크나 파일을 만들면서 전진해야 합니다. 그러므로 다음과 같이 행마합니다.

| 2 | Kf3 | Ke7 |

여기서 흑 킹의 전진은 안 좋은 수인데, 왜냐하면 흑이 백 킹 앞으로 자신의 킹을 보내면 백은 대립을 얻기 때문입니다. 이제 백이 흑의 첫 행마와 비슷한 움직임을 보일 차례입니다.

3 　　 Ke3

이는 처음 보여진 변형으로 포지션을 되돌리게 됩니다.

연구생은 모든 대립 예제에서 킹의 운용에 익숙해지는 것이 좋습니다. 그것은 종종 경기의 승패를 의미합니다.

5. 나이트와 비숍의 상대적 가치

이 문제에 관심을 기울이기 전에, 지금은 **두 개의 나이트만으로는 메이트를 할 수 없다**고 말하는 게 좋겠지만, 상대가 한 개 이상의 폰을 가지고 있다면 메이트가 가능할 때가 있습니다.

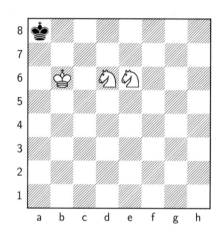

위 포지션에서 흑 킹은 궁지에 몰렸지만, 백은 이길 수 없습니다. 그러나 다음 포지션에서는 흑이 폰을 가지고 있습니다.

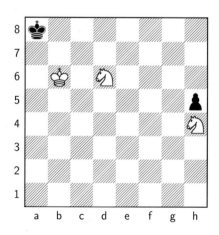

백은 이긴 것과 다를 바 없습니다.

| 1 | Ng6 | h4 |

이 시점에서 백은 폰을 잡을 수 없습니다. 그러면 앞서 설명한 대로 게임이 무승부가 되어 이길 수 없기 때문입니다.

2	Ne5	h3
3	Nc6	h2
4	Nb5	h1Q
5	Nc7#	

체스에서 이런 특수성이 나타나는 이유는 명백합니다.

흑이 움직일 수 있는 폰을 가지고 있는 경우를 제외하면, 두 나이트가 있는 백은 킹을 스테일메이트 할 수 있을 뿐입니다.

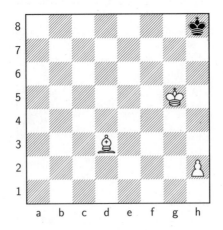

위 다이어그램은 백의 비숍과 폰이 앞서는 포지션이지만 그의 승리는 불가능합니다.

비숍의 가장 큰 약점은 h파일 폰이 그와 다른 색 칸에서 퀸이 되어야 하는데 다른 색 칸 킹이 폰 앞에 있으면 전혀 쓸모가 없다는 점입니다. 흑이 할 일은 그의 킹을 모퉁이 칸 가까이로 계속 이동시키는 것뿐입니다.

다음 포지션에서도 백은 이긴 것과 다를 바 없습니다. 가장 어려운 변형을 취해 보겠습니다.

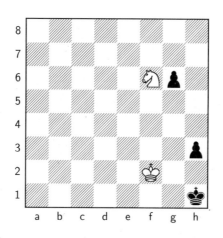

1	...	Kh2
2	Ng4+	Kh1
3	Kf1	g5
4	Kf2	h2
5	Ne3	g4
6	Nf1	g3+
7	Nxg3#	

이제 이런 예외적인 예제들을 보았으니 나이트와 비숍의 서로 다른 장점들과 상대적 가치를 분석할 수 있습니다.

아마추어는 대개 둘 중 나이트가 더 가치 있는 기물이라고 생각하는데, 가장 큰 이유는 비숍과 달리 나이트가 어두운 칸과 밝은 칸을 모두 활용할 수 있기 때문입니다. 그러나 나이트가 한 번에 한 가지 색상만 선택할 수 있다는 사실은 흔히 간과됩니다. 그리고 좌익에서 우익으로 나이트 하나를 데려오려면 비숍보다 훨씬 더 오래 걸립니다. 또한 다음 예제에서 볼 수 있듯이 비숍은 나이트를 교착시킬 수 있습니다. 이는 나이트가 되갚을 수 없는 선물입니다.

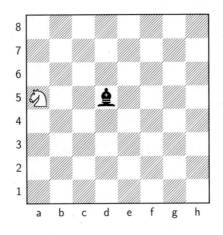

약한 선수일수록 나이트는 더 형편없지만, 선수의 능력이 향상됨에 따라 비숍의 가치는 더 분명해지며, 비숍에 비해 나이트의 가치 평가는 하락하게 됩니다. 이런 점에서 다른 많은 사람들처럼 오늘날의 체스 마스터들은 이전 세대의 체스 마스터들보다 훨씬 앞서 있습니다. 과거 필스베리Harry Nelson Pillsbury나치고린Mikhail Tchigorin 같은 최고의 선수들은 비숍보다 나이트를 선호했지만, 오늘날 위 설명에 전적으로 동의하지 않는 마스터는 거의 없습니다.

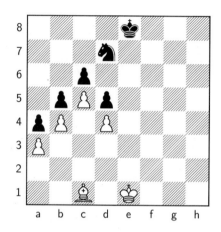

위 다이어그램은 나이트가 비숍보다 더 가치 있는 유일한 경우입니다. 이 상황은 **블록 포지션block position**으로 불리며, 모든 폰이 보드 한쪽에 있습니다(만약 보드 양쪽에 폰들이 있다면 나이트를 가져도 아무런 이점이 없습니다). 이 포지션에서는 흑의 승리 가능성이 매우 높습니다. 백에게는 자신의 폰을 비숍과 같은 색 칸에 두고 있다는 추가적인 약점이 있습니다. 이는 체스를 두다 보면 종종 저지르는 실수입니다. 올바른 방법은, 엔딩에서는 폰 칸을 비숍과 다른 색상으로 갖는 것입니다. 같은 색의 폰 칸을 가지고 있으면 비숍의 동작은 제한되며 결과적으로 비숍의 가치가 떨어집니다. 왜냐하면 기물의 가치는 종종 차지할 수 있는 칸 수로 측정할 수 있기 때문입니다. 이 문제와 관련하여, 폰을 상대 비숍과 같은 색깔의 칸으로 유지하는 것이 바람직하다는 사실에도 주의를 환기해야겠습니다. 특히 킹이 지원하는 통과한 폰이라면 더욱 그렇습니다. 원칙은 다음과 같이 기술할 수 있습니다.

상대가 비숍을 가지고 있는 경우, 폰을 상대 비숍과 같은 색상의 칸에 두십시오.

상대가 비숍을 가지고 있든 없든, 당신에게 비숍이 있다면 폰을 자신의 비숍과 다른 색상의 칸으로 유지하십시오.

당연하게도, 이러한 원칙들은 때때로 포지션의 위급한 상황에 맞춰 수정되어야 합니다.

다음 포지션에서 폰은 보드 한쪽 측면에 몰려 있으며 나이트나 비숍을 보유해도 아무런 이점이 없습니다. 경기는 반드시 무승부로 끝나게 됩니다.

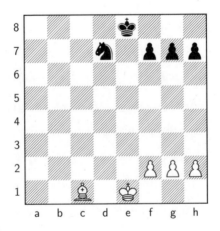

이제 위 다이어그램에서 각 측면에 세 개의 폰을 추가하여 보드 양쪽에 폰이 배치되도록 하겠습니다.

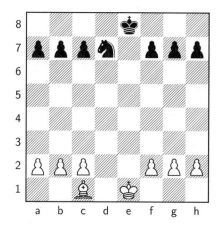

게임이 엄밀하게 진행되면 무승부로 끝나겠지만, 이 포지션에서는 이제 비숍을 가진 게 더 유리해집니다. 비숍이 가진 장점은 보드 한쪽에서 다른 쪽으로 이동할 수 있는 능력뿐만 아니라 중앙에서 긴 범위로 보드 양쪽을 차지할 수 있는 능력에 있습니다.

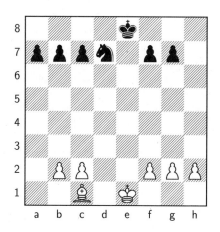

위 포지션에서는 각 선수가 동일한 수의 폰을 가지고 있지만 보드 양쪽에서 균형을 이루지 못하고 있기 때문에 비숍이 있는 쪽이 유리합니다. 퀸사이드에서는 흑이 3대 2인 반면 킹사이드에서는 백이 3대 2입니다. 그러나 백에게 다소 더 좋은 기회가 있긴 하지만, 흑이 철저하게 운영하면 경기는 무승부로 끝나게 됩니다.

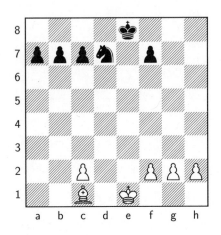

여기서는 보드 양쪽에 폰이 있을 뿐만 아니라 통과한 폰(백은 h파일 폰, 흑은 a파일 폰)도 있기 때문에 비숍의 소유가 확실한 이점입니다. 흑은 이 포지션에서 무승부를 내는 데 엄청난 어려움이 있을 것입니다. 만약 그가 할 수만 있다면 말입니다.

흑은 다음 포지션에서도 역시 무승부를 내는 데 큰 어려움을 겪을 것입니다.

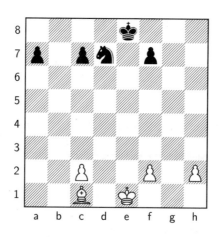

　연구생은 이러한 포지션들을 신중히 고려해야 합니다. 저는 많은 예제들이 나이트와 비숍의 상대적 장점을 진정한 가치로 이해하는 데 도움이 되기를 바랍니다. 일반적으로는 스승을 통해서, 또는 실제 경험을 하는 게 가장 좋습니다. 보통 이러한 엔딩들에서의 적절한 방향성은 킹을 보드 중앙이나 통과한 폰, 또는 공격받기 쉬운 폰을 향해 전진시키는 것과, 통과한 폰이나 안전한 폰을 빠르게 전진시키는 것이라고 생각합니다.

　정해진 길을 따라 경기하는 것은 어리석은 짓입니다. 각각의 엔딩은 다르며 상대 의도에 따라 다른 대처를 요구합니다. 그러므로 미래의 포지션을 시각화하여 계산하는 것이 중요합니다.

6. 나이트-비숍으로 메이트 하기

자, 다시 미들게임과 오프닝으로 돌아가기 전에, 나이트-비숍으로 어떻게 메이트를 하는지, 그리고 퀸으로 룩을 상대하여 어떻게 승리하는지 봅시다. 나이트와 비숍이 함께라면, **메이트는 비숍과 같은 색깔의 코너에서만 주어질 수 있습니다.**

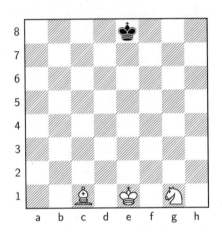

위에서 백은 a1 또는 h8에서 메이트를 이루어야 합니다. 엔딩은 두 부분으로 나뉠 수 있습니다. 첫 번째 부분은 흑 킹을 마지막 라인까지 몰고 가는 방법으로 구성됩니다. 우리는 일반적인 모든 경우에 그렇듯이 킹을 보드 중앙으로 전진시킴으로써 시작할 수 있습니다.

1	Ke2	Kd7

흑은 상황을 어렵게 만들려고 코너의 밝은 칸 쪽으로 이동합

니다.

2	Kd3	Kc6
3	Bf4	Kd5
4	Ne2	Kc5
5	Nc3	Kb4
6	Kd4	Ka5
7	Kc5	Ka6
8	Kc6	Ka7
9	Nd5	Ka8

첫 번째 부분은 이제 끝났습니다. 흑 킹은 구석 밝은색 칸에 있습니다.

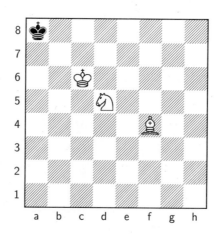

두 번째이자 마지막 부분은 메이트 하기 위해 흑 킹을 a8에서 a1 또는 h8로 이동시키는 방법으로 구성됩니다. 이 위치에서는

a1이 가장 빠를 것입니다.

10	Nb6+	Ka7
11	Bc7	Ka6
12	Bb8	Ka5
13	Nd5	Ka4

흑은 킹으로 h1을 차지하기 위해 노력합니다. 백이 그 상황을 예방하는 두 가지 방법이 있는데 하나는 **14 Be5 Kb3 15 Ne3**이며, 다른 하나는 제가 숙제로 내는 것입니다. 이 다른 하나는 연구생들이 직접 익혀 보는 게 낫습니다. 왜냐하면 **가능하면 킹을 많이 사용하는 것**이야말로 모든 엔딩의 근원에 더 체계적이고 더 잘 부합할 수 있는 방법이기 때문입니다.

14	Kc5!	Kb3
15	Nb4	Kc3
16	Bf4	Kb3
17	Be5	Ka4
18	Kc4	Ka5
19	Bc7+	Ka4
20	Nd3	Ka3
21	Bb6	Ka4
22	Nb2+	Ka3
23	Kc3	Ka2

24	Kc2	Ka3
25	Bc5+	Ka2
26	Nd3	Ka1
27	Bb4	Ka2
28	Nc1+	Ka1
29	Bc3#	

엔딩이 다소 수고스러움을 알 수 있습니다. 두 가지 두드러진 특징이 있는데 바로 킹의 근접 추격과, 나이트와 킹의 합작으로 비숍과는 다른 색의 칸을 통제하는 것입니다. 연구생은 이 엔딩으로 체계적인 연습을 하는 것이 좋습니다. 왜냐하면 이 엔딩은 기물들의 실제 능력을 잘 알 수 있게 하며, 50수 규칙(27쪽 참조)에 의거하여 50수 안에서 메이트를 이루기 위해서는 선견지명이 필요하기 때문입니다.

7. 룩을 상대하는 퀸

이것은 폰이 없는 가장 어려운 엔딩 중 하나입니다. 방어 자산이 많으므로, 규칙으로 부여되는 50수 범위 내에서는 매우 훌륭한 선수만이 능숙하게 운영할 때 우세할 것입니다(규칙은 언제라도 상대에게 50수 이내에 메이트를 요구할 수 있어야 한다는 것이며 기물을 포획, 교환하거나 폰이 전진할 때마다 카운트를 새로 시작합니다).

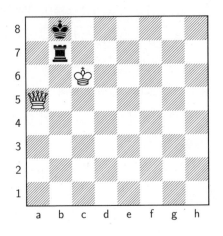

위 다이어그램은 흑이 종종 가질 수 있는 표준적인 포지션 중 하나입니다. 이제 백이 움직일 차례입니다. 만약 흑이 움직일 차례라면 룩을 킹에게서 멀리 떨어뜨려야 하기 때문에(그 이유를 알아내 보십시오) 비교적 쉽게 이길 수 있을 것입니다. 이 내용에서 우리는 흑 룩이 자신이 방어하는 킹으로부터 떨어지게끔 하는 게 백의 주요 목표이며, 흑이 그렇게 하도록 만들기 위해서는 다이어그램에서 흑의 위치를 이동시켜야 한다고 추론할 수 있습니다. 무엇이 필요한지 알게 되면 진행 방법을 찾기가 쉬워집니다. 따라서 다음과 같이 둡니다.

	1	Qe5+

1 Qa6가 아닌 이유는 1...Rc7+ 2 Kb6 Rc6+ 3 Kxc6로 스테일메이트가 되기 때문입니다(초보자라면 반드시 이 함정에 빠집니다).

1	...	Ka8 또는 Ka7
2	Qa1+	Kb8
3	Qa5	

몇 번의 움직임으로 목적을 달성했습니다. 첫 번째 부분은 이걸로 끝입니다. 이제 두 번째 부분으로 넘어가겠습니다. 룩은 밝은색 칸으로만 갈 수 있습니다. 그렇지 않으면 퀸에 의한 첫 번째 체크메이트가 이뤄지고 패배합니다. 그러므로 다음과 같이 행마합니다.

3	...	Rb3
4	Qe5+	Ka8(최선)
5	Qh8+	Ka7
6	Qg7+	Ka8
7	Qg8+	Rb8

8   Qa2#

이제 146쪽 다이어그램으로 돌아가서 **1 Qe5+ Ka8 또는 a7
2 Qa1+ Kb8 3 Qa5** 후에 흑이 3...Rb3 대신 3...Rb1을 뒀다
고 가정해 보겠습니다. 그러면 **4 Qe5+ Ka7**가 됩니다.

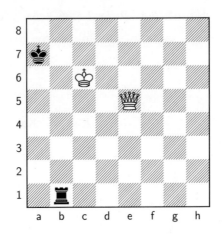

이제 2수로 끝날 것입니다. **5 Qd4+ Ka8 6 Qh8+** 그리고
룩은 **7 Qa1#** 때문에 끼어들 수 없고, 흑이 6...Ka7을 두면 **7
Qh7+**로 룩이 잡힙니다.

우리는 이러한 종류의 엔딩들의 주요 포지션 또는 확실한 결
과를 얻기 전에 최종적으로 도달해야 하는 포지션을 보았습니
다. 그러나 그러한 **포지션 유형**으로 상대방의 기물을 몰기란 때
때로 매우 어렵습니다.

사실 대부분의 전문가들조차 흠잡을 데 없는 수비에 막혀 실
패할 수 있는 포지션이 있습니다. 하지만 1급 수비는 1급 공격
만큼이나 어렵다는 점을 항상 명심해야 합니다. 그리고 이러한

기본 지식과 **포지션 유형**에 대한 더 나은 지식을 가진, 그 외의 다른 모든 요소들이 동등한 수준의 플레이어라면 성공할 수 있는 더 나은 기회를 가질 수 있습니다. 전문가만이 다룰 수 있는 그런 화두들을 다루는 일은 이 책의 범위 밖입니다. 이 책의 목적은 독자가 스스로 그러한 문제를 해결할 수 있을 만큼 충분히 전문적일 수 있는 지점에 도달할 수 있도록 돕는 것입니다. 게다가, 실제로 그런 종류의 포지션은 매우 드물게 발생합니다. 개인적으로 저는 1급 상대와 마주할 때 그런 포지션을 가져 본 적이 없었던 것으로 기억합니다.

이제 책의 나머지 부분을 위해 엔딩 강의를 떠나도록 하겠습니다.

2장 미들게임

미들게임 주제에 대해서는 거의 쓰여진 게 없습니다. 『체스의 미들게임The Middlegame in Chess』이라는 즈노스코보롭스키Евгéний Алексáндрович Зноско-Боро́вский의 책이 있습니다. 제가 그 주제에 관해 읽을 가치가 있다고 생각하는 유일한 책입니다. 불행하게도 책에서 문제에 접근하는 방식은 일반적인 플레이어들을 힘들게 합니다. 게다가, 제 생각에는 책의 맨 처음 부분에는 나머지 부분을 더 모호하게 만드는 근본적인 오류가 있습니다.

책의 맨 처음 부분에서 저자는 이렇게 말합니다.

체스의 요소는 다음과 같다.

1. 체스 말 또는 기물로 표시되는 힘, 그리고 그것들이 활동하는

2. 체스보드로 대변되는 공간, 그리고

3. 수에 따라 전개되는 시간

위에서부터 논리적인 결론으로 이어지는 설명인데, 체스는 본질적으로 논리적인 게임입니다. 만약 한 선수가 저 세 가지 요소 모두에서 앞선다면 적어도 더 우세해야 합니다. 그러나 저자 자신이 나중에 보여 주듯이, 세 가지 요소 모두에서 앞서도 완전히 지는 게임을 갖게 될 수 있습니다. 어째서일까요? **포지션** 요소를 빠뜨렸기 때문입니다. 나중에 그는 포지션에 대해 평가하고, 우월한 포지션과 열등한 포지션에 대해 말하기는 하지만, 그것이 원래의 진술을 바로잡지는 못합니다. 사실 체스는 저 세 가지 요소에 더해 **포지션**이라는 본질적인 요소로 구성되어 있으며,

포지션은 체스의 처음이자 마지막이자, 가장 중요합니다. 단어 그대로, 포지션은 보드 위 기물들의 위치를 가리킵니다. 그리고 일반적으로 기물들의 이동성이 큰지 작은지와, 이 기물들이 체스보드의 다른 지점들 또는 상대의 특정 기물들에 작용할 수 있는 압박의 수준에 의해 그 가치가 평가됩니다. 주어진 포지션의 값어치를 평가할 때는 시간, 공간, 힘 또는 물질적 요소를 고려해야 합니다. 평범한 플레이어는 폰을 하나의 단위로 사용하여 이 책의 첫 부분에서 설명한 기물의 평가법을 적용함으로써 힘 요소를 적절한 값으로 고려하고 평가하기가 용이할 것입니다.

공간 요소는 때때로 가치를 쉽게 평가할 수 있습니다. 단 어떤 때에는 다소 어려울 것입니다. 그리고 시간 요소는 소수의 예외를 제외하고는 훨씬 더 이해하기 어려울 것입니다. 그러나 엔드게임에서는 시간 요소가 더 중요해지고 정확한 값을 매기기가 쉽습니다.

미들게임과 관련된 요소로 돌아가 봅시다. 독자는 힘이나 자산에서 뒤쳐져 있어도 승리 포지션을 차지할 수 있음을 명심해야 합니다. 당신은 시간에서 뒤쳐져도 승리 포지션을 차지할 수 있습니다. 당신은 공간에서 뒤쳐져 있으면서도 승리 포지션을 차지할 수 있습니다. 그리고 마지막으로 자산, 공간, 시간의 세 가지 요소 모두에서 뒤쳐질 수 있지만, 여전히 승리가 가능한 포지션을 차지할 수 있습니다. 이것은 다른 세 가지 요소를 소홀히 해도 된다는 게 아니라, **포지션** 요소를 우선시해야 한다는 점을 의미합니다. 위에서 언급된 각 포인트를 설명하는 예제를 다음에 제시합니다.

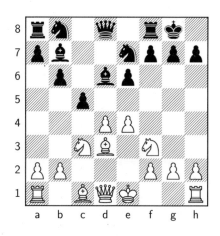

위 포지션은 보통 실력을 가진 두 플레이어의 게임입니다. 다음과 같이 진행되었습니다. 1 d4 d5 2 c4 e6 3 e3 b6 4 Nf3 Bd6 5 Bd3 dxc4 6 Bxc4 Bb7 7 Nc3 Ne7 8 Bd3 0-0 9 e4 c5. 이 오프닝을 분석하면 흑이 시간을 얻었다고 보여집니다. 그러나 백은 이제 다음과 같이 둬서 게임에서 승리합니다.

10	e5	Bc7
11	Bxh7+	Kxh7
12	Ng5+	Kg6

12...Kg8를 두면 백은 13 Qh5를 둘 수 있기에 12...Kg6가 최선입니다.

| 13 | Qg4 | Qxd4 |

흑의 최선. 백이 **14 Nxe6+**를 위협하고 있습니다.

14	Bf4	f5
15	Qg3	

흑은 백의 다중 위협에 맞선 방어를 할 수 없게 됐습니다.

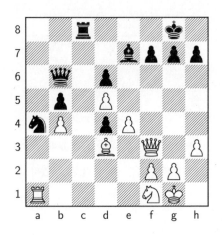

백 차례인 위 포지션은 1913년 12월 13일에 상트페테르부르크에서 있었던 카파블랑카-두즈코티미르스키Фёдор Дуз-Хотимирский 경기에서 가져왔습니다(『나의 체스 이력서My Chess Career』 참조). 흑은 공간을 얻었고 첫눈에 최선의 게임을 하는 듯해 보입니다. 그러나 백은 아주 특출한 콤비네이션으로 게임을 이길 수 있습니다. 그 전개는 다음과 같습니다.

25	e5	g6

흑의 25...g6는 백의 26 Qf5 위협을 방지하고 자신의 h파일 폰에 대응하는 백 비숍의 동작을 차단하기 위해서입니다.

| 26 | e6 | Rf8 |
| 27 | Ng3 | Qb7 |

만약 흑이 27...fxe6면 백은 28 Qg4로 Bxg6와 Qxe6+를 동시에 위협할 수 있습니다. 흑은 아마도 킹을 방어하기 위해 자신의 두 번째 라인에 퀸을 두고 싶었을 것입니다(비숍을 치워서 퀸으로 전체 킹사이드를 방어하려는 것임을 쉽게 알 수 있습니다). 그는 또한 ...fxe6 이후에 퀸들의 교환을 원했습니다. 독자들은 이제 백 나이트가 싸움에 끼어들면서 발휘하는 엄청난 위력에 주목해야 합니다. 이 나이트가 결정적인 변수가 됩니다.

| 28 | Nf5 |

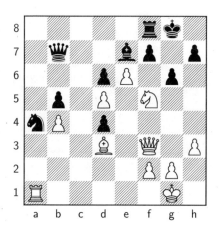

28	...	fxe6

흑은 28...Kh8가 최선이었지만 그러면 백이 29 Qe4를 두고 올바른 플레이로 확실한 승리를 거두었을 것입니다. 흑은 얼마 전부터 이 폰을 잡고 싶어했고, 그런 의도로 앞의 수를 뒀습니다. 그는 더 이상 기다리고 싶지 않았기 때문에 종말을 재촉했습니다. 그는 이 포지션에서 유효한 방어를 하지 못한 셈입니다.

29	dxe6	Qc7

당연하지만 흑은 백 퀸을 잡을 수 없습니다. 왜냐하면 30 Nxe7+로 백이 기물을 잡기 때문입니다.

30	Qc6

흑 퀸은 31 Nxe7+ 때문에 백 퀸을 잡을 수 없습니다. 백 나

이트가 행사하는 엄청난 압력에 주목하십시오(f5는 캐슬링한 킹을 공격하는 나이트를 위한 가장 강력한 자리들 중 하나입니다). 이 백 퀸의 수는 세 가지를 달성합니다. 나이트를 흑 룩의 핀에서 풀고, 흑 퀸을 강제로 움직여서 시간을 얻고, (백 비숍이 흑 b 파일 폰을 잡은 후) 백 비숍과 함께 대각선 a4-e8를 통제합니다. 나중에 이 전술의 결과로 d7에서 퀸이 교환될 때, 백 비숍은 그곳에 남아 e8 칸을 제어합니다. 그럼으로써 e8에서 퀸이 될 통과한 e파일 폰의 전진을 보호합니다. 만약 독자가 이 모든 움직임과 콤비네이션을 주의 깊게 고려한다면 전체적인 아름다움뿐만 아니라 실력의 진보를 위한 훨씬 더 중요한, 즉 미들게임의 기본 원칙인 **기물 동작의 조정**을 발견할 것입니다.

30	...	Qd8
31	Nxe7+	Qxe7
32	Bxb5	Nc3
33	Qd7	Qxd7
34	Bxd7	Rb8

흑은 포기하는 게 더 나을 수도 있습니다. 그가 **34...Nd5**를 둔다면 **35 Rd1 Rf4 36 g3 Qe4 37 Bc6 Re5 38 Rxd4 Ne7 39 Rxd6**이 가능합니다.

| 35 | e7 |

그리고 흑은 곧 **기권했습니다.**

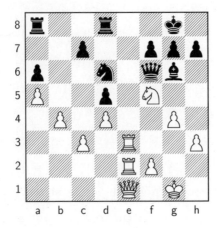

위 다이어그램에서 흑은 **힘**에서 앞서지만, 백은 다음과 같이 쉽게 승리합니다.

1	Nxd6	Qxd6

흑의 최선의 수는 1...h5였지만, 백은 폰 포지션이 좋아서 승리에 어려움이 없을 것입니다.

2	Re8+	Rxe8
3	Rxe8+	Rxe8
4	Qxe8+	Qf8
5	Qxf8+	Kxf8
6	b5	

그리고 흑은 백이 퀸을 얻어 승리하는 길을 멈출 수 없습니다.

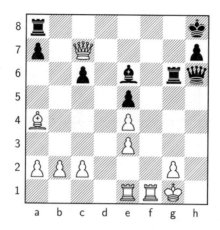

위 다이어그램의 포지션은 즈노스코보롭스키의 책에서 가져왔습니다. 여기서 백은 힘, 시간, 공간의 세 가지 항목에서 모두 앞서고 있습니다. 하지만 흑은 **1...Rxg2+**에 이어 **2...Rg8+**로 쉽게 승리합니다. 그 이유는 간단합니다. **포지션**의 우위입니다.

즈노스코보롭스키의 책에서 또 다른 포지션을 가져왔습니다. 위 다이어그램에서 다시 백은 힘, 시간, 공간의 세 가지 요소 모두에서 앞서고 있지만, 흑의 포지션이 흑의 부족한 요소들을 보완하기에 게임에서 쉽게 이길 수는 없습니다.

주어진 예제는 독자가 포지션의 진정한 가치를 깨닫기에 충분할 것입니다. 이제 이 문제는 잠시 보류하고 미들게임과 관련하여 다른 중요한 사항들을 고려해 봅시다.

1. 중앙 칸들

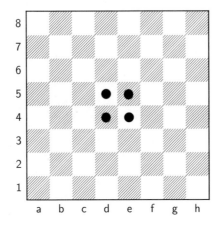

e4, d4, e5, d5를 중앙 칸이라고 합니다. 중앙 칸은 오프닝과 미들게임 모두에서 가장 가치 있는 칸이며, 종종 엔드게임에서도 마찬가지입니다. 그러므로 이 칸들은 특별한 관심을 받을 자격이 있습니다. 이 네 개의 칸들 중 하나에 배치된 비숍 또는 퀸이 다른 어떤 칸보다 더 많은 칸들을 통제한다는 사실은 한눈에 알 수 있습니다. 또한 엔드게임에서 중앙 칸들 중 한 곳에 배치된 나이트는 다른 어떤 곳보다 더 빠르게 어느 한 사이드로 이동할 수 있을 것입니다. 킹 또한 엔드게임에서 이 네 개의 칸 중 어느 한쪽에 배치되면 다른 어떤 곳보다 더 빠르게 어느 사이드로든 이동할 수 있습니다. 이 모든 것은 간단한 수학적 사실일 뿐이며 그 자체로 이 칸들의 중요성을 보여 주기에 충분합니다. 하지만 이 칸들의 중요성을 보여 주는 또 다른 요소들이 있습니다. 이론적으로 가장 좋은 오프닝의 첫 수 두 가지는 **d4** 또는 **e4**라고 이미 말했습니다. 그것은 네 개의 중앙 칸이 전투가 즉시 일

어나는 칸임을 의미합니다. 게다가, 전개가 진행됨에 따라 기물들은 보드의 중심을 향해 나오게 되면서 네 개의 중앙 칸을 가장 중요하게 만듭니다. 미들게임에 관한 한, **중앙의 통제는 킹에 대한 성공적인 직접 공격을 위한 필수적인 전제 조건이다**라는 기본 원칙이 있습니다. 중앙의 통제란 네 개의 중앙 칸들의 제어를 의미합니다. 나중에 이것이 실제로 어떻게 작동하는지 보겠습니다.

2. 폰 대형

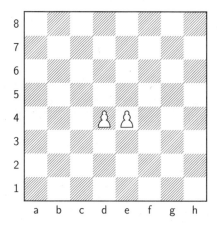

위 다이어그램은 초기 단계에서 최상의 중앙 폰 형성을 보여 줍니다. 전문가라면 상대로 하여금 폰의 중앙 대형을 오랫동안 유지하게끔 허락하는 경우는 거의 없을 것입니다. 그는 그 대형을 부수기 위해 자신의 중앙 폰이나 c파일이나 f파일 폰들 중 하나를 전진시켜 빠르게 도전할 것입니다.

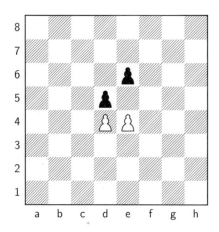

위 다이어그램은 프렌치 디펜스French Defence에서 나오는 폰 포지션입니다. 백의 중앙 폰 대형은 즉시 도전을 받았습니다.

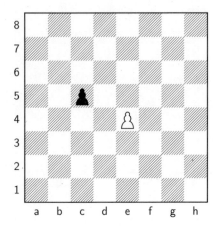

위 다이어그램은 시실리안 디펜스Sicilian Defence에서 나오는 폰 포지션입니다. 이런 상황에서 백 d파일 폰은 잡힐 가능성 없는 e파일 폰과 같은 단계로 올라갈 수 없습니다.

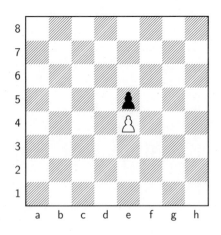

위 다이어그램은 루이 로페즈, 주오코 피아노, 포 나이츠Four

Knights, 쓰리 나이츠Three Knights와 다른 오프닝들에서 나오는 폰 포지션입니다. 다시금 시실리안 디펜스의 경우와 같습니다.

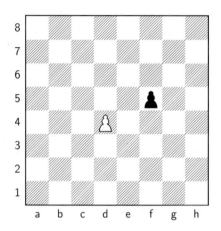

위 다이어그램은 더치 디펜스Dutch Defence에서 나오는 폰 포지션입니다. 백 e파일 폰은 d파일 폰과 같은 단계에 올라갈 수 없습니다. 이는 다음 퀸스 폰 오프닝에서 나오는 폰 포지션과 동일합니다.

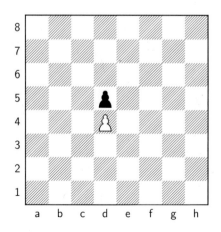

최고의 전문가 의견에 따른 주요 오프닝에서 어떤 일이 일어나는지 보았습니다. 네 개의 중앙 칸들과 중앙 폰 형성의 중요성에 대한 더 나은 증거는 필요하지 않습니다.

3. 캐슬링 폰 대형

일반적으로 킹사이드 캐슬링이 더 안전하다는 것은 이미 언급한 바 있습니다. 다음 모든 다이어그램들에서는 킹사이드에서 캐슬링이 발생했다고 가정합니다.

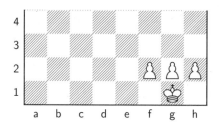

위 포지션은 정면 공격에 대비한 최상의 방어용 폰 포지션입니다. 이 포지션에서 한 가지 경계해야 할 것은 1랭크에서의 상대 룩이나 퀸에 의한 체크입니다. 미들게임 중에는 그러한 위험이 거의 존재하지 않기 때문에, 상황을 바꿔야 할 때까지는 폰 대형을 유지하는 게 좋습니다.

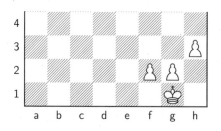

위 다이어그램은 아주 좋은 포지션입니다. 앞서 포지션만큼 정면 공격에 대한 방어력이 강하지는 않지만 거의 비슷하며, 1랭크 체크에 대비하여 킹에게 탈출구를 제공합니다. 실제로 대부분의 게임에서 이것이 훌륭한 폰 포지션이라는 사실을 알게 될 것입니다. 앞선 포지션이 이 포지션보다 나은 몇 가지 이유가 있지만, 그 이유는 경험만이 증명할 수 있습니다. 보통의 플레이어에게는 이 포지션이 앞선 다이어그램 포지션보다 더 낫지는 않더라도 동등하게 좋다는 게 증명될 것입니다. 전문가와 마주할 때에야 비로소 상황이 달라질 수 있습니다.

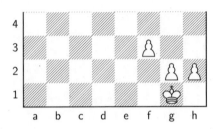

위는 별로 좋지는 않지만, 아직 나쁘지는 않습니다. 이 포지션의 단점은 대각선을 따라 체크되게끔 킹을 노출시키고, 백이 이를 피하기 위해 Kh1을 둬야 하는 것입니다. 게다가, h1의 킹은 보드의 중심과 퀸사이드 폰으로부터 멀리 떨어지기 때문에, 킹-폰 엔딩에서라면 최악의 포지션이 될 것입니다.

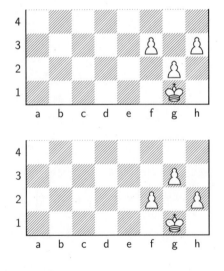

앞 두 다이어그램들은 수비 대형이 좋지 않습니다. 게다가, 폰들의 V자 대형과 역 V자 대형은 소위 '구멍', 즉 폰들 사이에 적의 기물이 배치될 수 있는 장소를 만듭니다. 이러한 '구멍'에 배치된 기물은 다른 기물로만 공격할 수 있습니다.

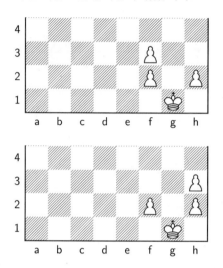

위 두 다이어그램들은 폰 대형이 매우 불량합니다. 폰 구조가 부서져서 기물로만 방어할 수 있습니다. 게다가 킹은 온갖 종류의 공격에 개방된 상태입니다.

4. 유형적 포지션과 콤비네이션

이제 독자가 미들게임에서 자신감을 갖게 해 줄 여러 **유형**의 포지션과 콤비네이션을 익힐 차례입니다.

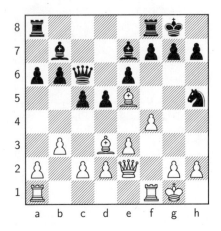

위 다이어그램의 포지션을 숙고해 봅시다. 1889년 암스테르담에서 열린 라스커Emanuel Lasker-바우어Johann Hermann Bauer의 경기입니다. 세력은 동등합니다. 백이 해야 할 일은 **Qxh5**입니다. 중앙 폰 대형은 백이 네 개의 중앙 칸들 중 세 칸을 통제하기 때문에 백에게 유리합니다. 게다가 두 개의 백 비숍은 킹사이드에서 캐슬링한 흑 킹을 겨누는 이상적인 공격 포지션, 사실상 최고의 공격 포지션에 있습니다. 백이 자연스러운 동작 1 **Qxh5**를 두면 흑은 d3 비숍의 행동을 차단하는 **1...f5**로 응수하고, 이어서 b2 비숍의 행동을 차단하는 **...Bf6**를 둡니다. 백은 어떤 경우에도 만족스러운 경기를 펼치겠지만, 가능하면 자신의 비숍을 위한 유리한 포지션과 중앙을 장악하여 무언가를 얻고 싶어합니다. 이러한 요소들로부터 그는 이제 매우 특출난 콤비네이션을 전개시켜 몇 수 안에 승리하게 됩니다.

1	Bxh7+	Kxh7
2	Qxh5+	Kg8
3	Bxg7	Kxg7
4	Qg4+	Kh7
5	Rf3	e5
6	Rh3+	Qh6
7	Rxh6+	Kxh6
8	Qd7	

그리고 백은 쉽게 승리했습니다. 이러한 **유형**의 콤비네이션은 자주 발생하지 않지만 기억해 두는 게 좋습니다. 1914년 상트 페테르부르크에서는 님초비치Aron Nimzowitsch 같은 유명한 마스터가 타라시 박사에게 비슷한 포지션으로 붙잡혔습니다.

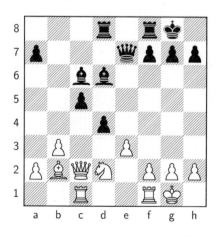

앞 다이어그램에서 님초비치의 흑의 마지막 수는 c6 비숍을 드러내는 ...d4였습니다. 두 비숍의 포지션에 주목하십시오. **킹사이드에서 캐슬링한 킹에 대한 두 비숍의 가장 강력한 공격 포지션**입니다. 백은 1 exd4를 두었고, 이어서 1...Bxh2+ 2 Kxh2 Qh4+ 3 Kg1 Bxg2로 흑이 몇 수 안에 이겼습니다. 이 포지션에서 백은 4 f3를 뒀습니다. 4 Kxg2를 뒀다면 흑은 4...Qg4+와 5...Rd6를 차례로 두고 h6에서 메이트를 합니다. 이 예제를 이전 예제와 비교하여 두 가지 콤비네이션이 정확히 얼마나 유사한지 확인하십시오. 이것은 독자들에게 이러한 **유형** 포지션과 **유형** 콤비네이션의 가치에 대한 충분한 증거가 됩니다. 위에 보여지는 포지션과 유사한 포지션에서는 텍스트와 유사한 콤비네이션이 분명 발생할 수 있습니다.

더 자주 발생하기 쉬운 다른 포지션의 **유형**이 있습니다. 다음 백 차례인 다이어그램입니다.

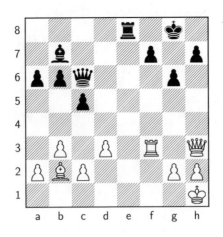

흑은 메이트를 위협하고 있으며, 백이 그것을 방어한다면, 흑

은 훌륭한 게임을 얻습니다. 그러나 백은 3수 안에 메이트가 가능합니다. **1 Qxh7+ Kxh7 2 Rh3+ Kg8 3 Rh8#.**

이와 같은 유형의 콤비네이션은 다소 더 복잡한 포지션의 결과로 발생할 수 있습니다.

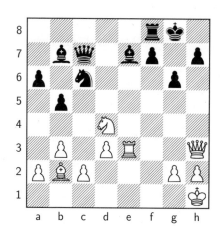

위에서 백은 기물 하나가 뒤쳐져 있고, 빨리 그것을 보상받지 않으면 패배할 것입니다. 그러므로 다음과 같이 둡니다.

1	Nxc6	Bg5

백이 **Qxh7+**에 이어 **Rh3+**로 메이트를 위협하기 때문에 흑은 백 나이트를 잡을 수 없습니다.

2	Ne7+	Qxe7

만약 2...Bxe7을 둔다면 **3 Qxh7+ Kxh7 4 Rh3+ Kg8 5**

Rh8#.

3	Rxe7	Bxe7
4	Qd7	

백은 두 개의 비숍 중 하나를 잡고, 룩-비숍을 상대로 퀸-비숍을 유지하기에 쉽게 이길 수 있습니다. 이 두 가지 예제는 캐슬링을 한 후 한 칸 전진한 g파일 폰의 위험성을 보여 줍니다.

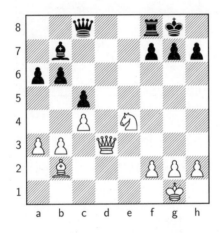

이것은 또 다른 매우 흥미로운 콤비네이션입니다. 흑은 백 나이트에 대응하는 룩을 갖고 있기 때문에 백이 즉시 보상을 받을 수 없는 한 승리해야 합니다. 그러나 실제로는 백이 몇 수로 메이트를 겁니다.

1	Nf6+	gxf6

흑의 압박, 이렇게 하지 않으면 백이 **2 Qxh7**으로 메이트 합니다.

2	Qg3+	Kh8
3	Bxf6#	

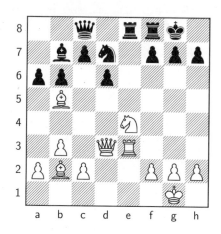

동일한 유형의 콤비네이션이 위 포지션에서는 더 복잡한 형태로 발생합니다.

1	Bxd7	Qxd7

만약 **1...Bxe4**면 **2 Qc3**가 메이트를 위협하므로 이미 공격당한 흑 퀸이 잡힐 수 있습니다.

2	Nf6+	gxf6
3	Rg3+	Kh8

4   Bxf6#

다음 다이어그램에는 매우 빈번한 유형의 콤비네이션이 나옵니다.

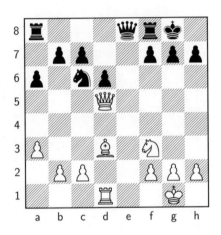

여기서 백은 교환으로 폰에서 뒤쳐지지만 빠르게 이길 수 있습니다. **1 Bxh7+ Kxh7**(만약 **1...Kh8**면 **2 Qh5 g6 3 Qh6**로 백 승리) **2 Qh5+ Kg8 3 Ng5** 그리고 흑은 백에게 흑 룩에 대응하는 퀸을 갖게 만드는 **3...Qe4**로 퀸을 희생시키는 방법 외에는 h7에서의 메이트를 막을 수 없습니다.

이와 동일한 유형의 조합은 다음 포지션에서 더 복잡한 형태로 나타납니다.

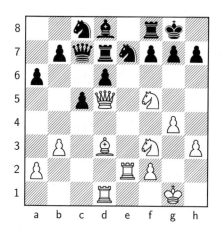

백은 다음과 같이 진행합니다.

1	Nxe7+

이것은 백 비숍의 라인을 청소해 줍니다

1	...	Bxe7

이것은 백의 비숍 희생 후 백 나이트의 g5 이동을 막기 위해 서입니다.

2	Rxe7	Nxe7(최선)
3	Bxh7+	Kxh7

만약 3...Kh8면 4 Qh5 g6 5 Bxg6+ Kg7 6 Qh7+ Kf6 7

g5+ Ke6 8 Bxf7+ Rxf7 9 Qe4#.

4	Qh5+	Kg8
5	Ng5	Rc8
6	Qh7+	Kf8
7	Qh8+	Ng8
8	Nh7+	Ke7
9	Re1+	Kd8
10	Qxg8#	

이 콤비네이션은 상당히 길고 다양하기 때문에 초급자는 거의 추측할 수 없을 것입니다. 하지만 콤비네이션의 유형을 알고 있다면, 이와 유사한 상황에서 생각지 못했던 훌륭한 공격을 수행할 수 있습니다. 제시된 모든 콤비네이션은 약점을 극복하기 위한 기물들의 적절한 조정에 기반하여 이뤄졌습니다.

5. 미들게임 포지션에서의 가치 평가

복잡한 포지션에서의 정확한 가치 판단은 체스에서 가장 어려운 일 중 하나입니다. 특정한 포지션들은 판단하기 쉽고, 어떤 포지션들은 극도로 어렵습니다. 두 전문가 사이의 주요한 차이점은 경기 중에 서로 다른 포지션의 가치를 정확하게 판단하는 데 있어서 누가 우월한 능력을 갖고 있느냐에 달려 있습니다. 체스 마스터는 주어진 포지션에 대한 자신의 결론으로부터 앞으로 따라야 할 절차를 결정합니다. 체스의 이러한 측면에 대한 심오한 논의는 분명 이 책의 범위를 벗어납니다. 그러나, 일반적인 플레이어의 입장에서 어느 쪽이 더 나은 포지션을 차지하고 있는지 결정하는 데 도움이 될 특정하면서도 표준적인 라인은 제공할 수 있습니다. 가장 먼저 살펴봐야 할 것은 물질적인 부분입니다. 한쪽이 다른 쪽보다 폰 자산에서 앞서면 이점이 되며, 이는 동등한 실력을 가진 플레이어들 사이에서는 결정적 이점이 되는 경우가 많습니다. 이러한 이점을 뒤집기 위해서는 상대 플레이어가 자신의 기물에 관해 훨씬 더 큰 행동의 자유가 있어야 합니다(이는 대개 공간을 통해 얻을 수 있습니다). 그렇지 못하다면 최소한 잃어버린 폰을 보상받을 수 있도록 어떤 약점에 대한 강력한 공격 가능성이 있어야 합니다. 그 보상으로 또한 메이트의 가능성을 포함한 킹에 대한 공격을 할 수도 있어야 합니다. 일반적인 플레이어들은 약점에 대한 공격보다는 킹에 대한 공격 기회를 더 즐겨 찾는 성향이 있기 때문에 이 후자쪽 대안이 그들 사이에서 훨씬 더 보편적일 것입니다.

두 번째로 고려해야 할 것은 동작 조정의 더 많거나 더 적은 기회와 동반되는 기물들의 더 많거나 더 적은 자유일 것입니다. 답답한 포지션은 나쁜 포지션입니다. 기물들의 자유가 있는 열린 포지션이라도 기물들이 너무 많이 배치되어 있어서 동작을 당분간 조정할 수 없는 상태라면 나쁜 포지션입니다. 일반적으로 고려해야 할 사항은 병력, 기동의 자유, 기물의 동작 조정입니다. 실제 플레이의 몇 가지 사례를 살펴보겠습니다.

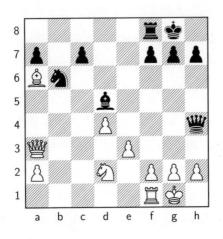

위 다이어그램은 1922년 런던 인터내셔널 마스터스 토너먼트에서의 M. 비드마르Milan Vidmar-A. 루빈스타인Akiba Rubinstein의 경기입니다. 여기서 비드마르의 백은 폰 자산에서 앞서 있습니다. 양쪽의 킹사이드 폰들은 뭉쳐서 좋은 대형을 이루고 있습니다. 그러나 흑 퀸사이드 폰은 고립되어 전진할 수 없습니다. 백 퀸사이드의 외로운 폰도 거의 비슷한 상황입니다. d5의 흑 비숍은 백 비숍보다 더 나은 포지션에 있으며, 흑 퀸은 백 킹에 대해 가능한 공격에서 비숍과 협력할 준비가 되어 있습니다. 하지만 퀸과 비숍만으로는 백 킹사이드에 만들어진 견고한 수비 포지션에 공격을 하기에 충분치 않습니다. 되려 백이 승리할 수 있는 포지션에 있다는 결론에 도달하는 데는 많은 시간이 걸리지 않습니다. 실제 게임에서 백은 1 e4를 뒀습니다(흑은 비숍으로 이 폰을 잡을 수 없는데, 2 g3로 비숍이 잡히기 때문입니다). 이것은 d5에서 통제할 수 있는 포지션을 얻을 흑 비숍을 몰아내기 위해 수행되었습니다. 게임을 계속하기 위한 매우 활기찬 방법이었지만, 백이 그 수를 두지 않는다면, 그는 1 Rc1을 둬서 c파일 폰을 공격하고 자신의 킹 방어에 편하다고 생각되는 방법으로써 f1에 백 비숍을 위한 공간을 만들 수 있었습니다. 사실 흑 차례였다면 가장 강력한 위협인 1...Qg5를 둘 수 있었지만, 백은 킹사이드에서 폰들의 큰 우세 덕분에 2 f3 또는 2 g3 중 하나로 응수하여 계속 승세를 유지하게 됩니다.

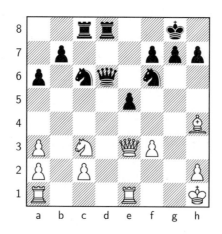

위 다이어그램은 1922년 런던 인터내셔널 마스터스 토너먼트에서 즈노스코보롭스키-M. 오이베Max Euwe의 경기입니다.

다시금 선수들 중 한쪽이, 이 경우에는 오이베가 잡은 흑이 폰 자산에서 앞서고 있으며 견고한 폰 대형을 갖고 있습니다. 그는 자신의 나이트들 중 하나가 백 비숍에 의한 핀에 걸린 현실로 인해 어려움을 겪을 수 있습니다. 그러나 백은 폰 대형이 깨졌고 만약 엔딩으로 들어가면 질 것입니다. 그의 유일한 기회는 흑 킹 공격입니다. 백은 Ne4를 두고 이어서 Bxf6나 Nxf6+, 그리고 Rg1+ 등등을 두겠다고 위협합니다. 이 모든 것이 가능한 이유는 비숍이 흑 나이트를 핀에 걸고 있고 열린 보드에서는 나이트보다 비숍이 더 강력하기 때문입니다. 하지만 백의 부서진 폰 대형과 연관될 여분의 폰 때문에 흑의 물질적 장점이 너무 커서 저는 백 차례라 하더라도 흑이 매우 좋은 게임을 할 것이라고 생각하게 됩니다. 이것은 백이 1 Ne4를 뒀어도 흑은 1...Nxe4로 응수하여 훌륭한 게임을 얻었으리라는 믿음에 기반합니다.

하지만 지금은 흑 차례이기에 바로 공격하면 온갖 문제를 피하며 상대의 주도권을 빼앗을 수 있습니다. 최선의 수는 1...Nd4로, ...Nxc2와 ...Nf5를 모두 위협하며 또한 c6에 퀸을 위한 자리를 만듭니다. 백은 이 모든 위협을 막을 수 없었을 것입니다. 실제 경기에서 흑은 매우 안 좋은 수를 보였습니다. 23...Re8. 게임은 계속되었습니다. 24 Rg1(이 수로 백은 많은 것을 위협하는데, 그 중에는 25 Rxg7+로 시작하는 매우 특별한 콤비네이션이 존재합니다). 포지션은 매우 흥미롭습니다. 흑이 또 나쁜 수를 둡니다. 24...Ne7. 그리고 다음 전개로 패배합니다. 25 Rad1 Qc6 26 Bxf6 Qxf6 27 Ne4 Qc6 28 Nd6, 백이 교환으로 승리합니다.

사실 흑은 단 하나의 만족스러운 수, 찾기 어려운 수, 그리고 매우 논리적인 수를 가지고 있었습니다. 그 수는 24...Nh5였습니다. 그러면 25 Ne4 Qe6 26 Qg5 f5가 됩니다. 26...f5는 절약하는 수입니다. 흑은 여분의 폰을 돌려주지만 이제 폰 대형의 우월성 덕분에 킹을 방어하는 기물들의 동작을 조정하여 승리할 수 있습니다. 흑의 초기 실수인 23...Re8 이후의 포지션은 가능성으로 가득 차 있으며 면밀한 연구에 보답할 것입니다.

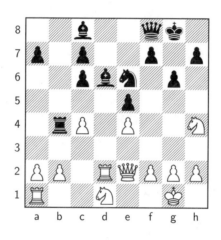

위 다이어그램은 1913년 아바나 인터내셔널 토너먼트에서 저와 D. 야노프스키Dawid Janowski의 경기입니다. 제가 잡은 백은 **교환** 또는 **가치**에서 앞서 있습니다(흑의 마이너 기물에 대응하는 룩의 보유). 폰 대형이 좋고 흑의 즉각적인 메이트 위협 공격이 없기 때문에 백이 엄밀한 플레이를 하면 승리해야 합니다. 그러나 실제 경기에서 백은 최선의 방어 코스를 채택하지 않았고 결과적으로 문제를 안게 됐습니다. 그럼에도 불구하고 백은 물질적인 이점 덕분에 끝내 이길 수 있었습니다.

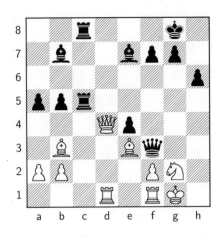

위는 1922년 런던 인터내셔널 토너먼트에서 레티와 F. D. 예이츠Fred Dewhirst Yates의 경기입니다. 포지션은 정확하게 판단하기가 매우 어렵습니다. 흑은 백 나이트에 대응하는 세 개의 폰을 보유하고 있으며, 이는 한눈에 백 킹에 대한 매우 강력한 공격으로 보입니다. 물질적으로는 백이 사실상 조금 앞서 있습니다. 오프닝과 미들게임 초반에 나이트나 비숍은 폰 세 개 이상의 가치가 있습니다. 만약 흑의 폰 세 개가 빠르게 진격할 수 있는 퀸사이드였다면, 흑이 물질적인 면에서 더 나을 것입니다. 그러나 지금 세 개의 폰들은 킹사이드에 있으며 킹의 보호를 위해 필요하기 때문에 자유롭게 진격할 수 없습니다. 흑이 공격을 하지 않았다면 백의 우위에 대해 의문의 여지가 없을 겁니다. 하지만 공격이 있었고, 포지션의 가치 평가에서는 그 공격 요소를 고려해야 합니다. 시간, 공간, 자산에서 추가적인 손실 없이 공격을 물리칠 수 있으려면 포지션이 개선되어야 하며, 그런 경우의 백이라면 선택할 수 있을 겁니다. 그러나 이 포지션에서는 대부분의 전문가들은 흑을 선택할 것입니다. 보통 수준의 플레이어도 흑을 선택해야 합니다. 이러한 포지션에서 방어는 공격보다 훨씬 더 어렵습니다. 게다가, 플레이어는 항상 공격적인 게임을 하려고 노력해야 하며, 그런 기회가 보이면 주저하지 말아야 합니다. 제 개인적인 의견은, 1 Rd2를 둠으로써 백이 흑의 모든 위협을 물리칠 수 있고, 그런 경우라면 백이 선택의 대상이 될 수 있다는 것입니다. 실제 게임에서는 백이 1 Qd7을 뒀는데, 흑이 1...R5c7으로 맞섰다면 패배했을 나쁜 수였습니다. 그러면 백 퀸은 h3-c8 대각선으로 몰아내지고 이어서 ...Rg6를 위협하는 2...Rc6를 받게 됩니다. 하지만 흑은 올바른 행마를 보여 주지 못하고 패했습니다.

이 장의 목적은 이러한 포지션의 제시가 아니라 포지션의 진정한 가치를 확인하기 위한 일반적인 방법론으로서의 고려입니다. 다이어그램의 포지션으로 돌아가서 더 자세히 알아보겠습니다. 흑의 즉각적인 위협은 ...Rh5, 이어서 ...Qh3와 h1에서의 메이트입니다. 백의 1 Qd7은 그러한 일을 막기 위해 뒀지만 백 퀸을 물리치며 막을 수 없는 또 다른 위협이 만들어지기 때문에 잘못된 수였습니다. 제가 제안하는 1 Rd2는 이러한 모든 위협을 중단시킵니다. 이것은 d1 비숍이 f3 퀸을 공격하는 동시에 대각선 d1-h5를 제어할 수 있는 공간을 만듭니다. Rd2는 또한 실현이 가능하면 매우 효과적인 위협인 Qd7을 잠재시킵니다. 그리고 ...Qxg2를 위협하는 ...e3 때문에 움직일 수 없는 e3 비숍을 해방시킵니다. 그러나 Rd2와 e3 비숍의 이동 이후에 ...e3는 fxe3에 의해 g2 나이트를 방어하는 d2의 룩을 만나게 됩니다. e3 비숍을 다른 곳, 예를 들어 f4로 이동시키면 g2 나이트는 e3로 갈 자리가 생기고 백 기물은 천천히 더 나은 포지션을 얻을 수 있습니다. 그러면서 백 포지션은 더 자유로워질 것입니다. 그리고 이 모든 것이 물질적, 공간적, 시간적 손실 없이 이루어질 수 있다면, 어느 쪽이 더 유리한지에 대해서는 의심의 여지가 없습니다.

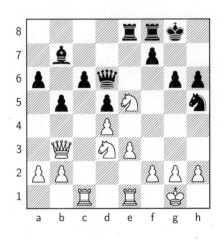

1922년 런던 인터내셔널 토너먼트에서 저와 즈노스코보롭스키의 경기입니다. 이것은 다른 유형의 포지션입니다. 이 경우는 누가 유리한지 쉽게 알 수 있습니다. 백 포지션은 견고하고 약점이 없으며 폰 대형과 기물들의 조화가 좋습니다. 반면 흑은 포지션에 구멍이 있고 기물들은 모두 함께 작동할 수가 없습니다. 폰 대형은 양쪽 다 좋지 않은데, 특히 퀸사이드에서 안 좋습니다, 그리고 퀸사이드의 흑의 칸들은 백에게 완전히 통제되고 있습니다. 위에서 볼 때, 흑은 자신의 많은 약점들에 대한 보상이 없기 때문에 백이 승리 포지션을 차지하고 있는 게 분명합니다. 백은 다음과 같이 쉽게 이깁니다.

23	Nc5	Bc8
24	Nxa6	Bb7
25	Nc5	Bc8
26	Ncd3	Bb7
27	Rc2	Rc8
28	Rec1	Rfe8
29	a4	

이 예제는 흑이 증명하듯 이러한 포지션의 약점을 보여 줘서 흥미롭습니다.

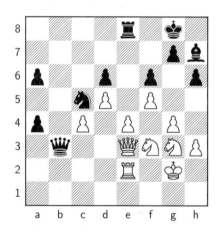

위는 1922년 런던 인터내셔널 토너먼트에서 저와 E. D. 보골 주보프Ефим Дмитриевич Боголюбов의 경기인데 판단하기 어려운 포지션입니다. 폰 대형은 백과 흑 모두 나쁘지만 흑

은 전진하여 퀸이 될 위협을 가하는 통과한 a파일 폰을 갖고 있습니다. 흑의 퀸, 룩, 나이트는 공격적으로 배치되어 백 기물들보다 자유롭습니다. 반면 백은 모든 기물들이 수비적으로 배치되었으며 c파일 폰과 e파일 폰 모두 공격받는 위치입니다. 둘 다 방어하는 유일한 방법은 Nd2이지만, 흑이 ...Qb4로 응수하면 흑의 a파일 폰이 자유롭게 전진할 수 있게 됩니다. 이러한 응수들은 모두 흑에게 유리하며, 다른 중요한 고려 사항이 없다면 백은 완전히 끝날 것입니다. 그러나 백에게 유리한 매우 중요한 항목이 있으니, 바로 h7 흑 비숍의 포지션입니다. 그 비숍은 게임과 완전히 단절되었을 뿐만 아니라, 더 나쁜 것은 게임에 개입할 방법도 없습니다. 그래서 백은 마치 자신이 기물에서 앞서는 것처럼 경기를 하고 있습니다. 그러한 전제에서, 백은 남은 힘이 그에게 유리하게 균형추를 기울일 수 있도록 최대한 주도권을 잡아야 합니다. 실제 경기는 다음과 같이 계속되었습니다.

36	Nd4	Qxe3

흑은 36...Qxc4를 할 수 없었습니다. 37 Rc2에 이어 Ne6로 무력한 상황에 빠지게 될 수 있기 때문입니다.

37	Rxe3	Rb8
38	Rc3	Kf7
39	Kf3	Rb2
40	Nge2	

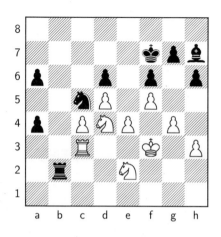

어느 쪽이 우세한지에 대해서는 이제 의문의 여지가 없습니다. 백 나이트들이 마지막 공격을 준비하는 동안 흑 비숍은 여전히 게임에서 빠져있습니다. 실제 경기에서 흑은 52수에서 기권했습니다. 이 예제는 기본 원칙에 대한 지식이 얼마나 가치 있고, 적용하면 어떤 보상을 받을 수 있는지 보여 줍니다.

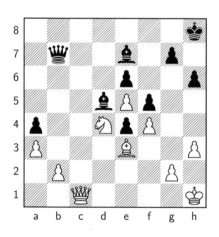

위 다이어그램은 1922년 런던 인터내셔널 토너먼트에서 즈

노스코보롭스키와 G. 마로치Géza Maróczy의 경기입니다. 여기서의 평가는 다소 간단합니다. 흑의 a4 폰이 백 퀸사이드 폰두 개를 고정시키는 동안 킹사이드에 있는 흑의 나머지 폰들은자유로우며 백의 기물들 중 하나만 전진을 막을 수 있습니다. 흑은 또한 두 개의 비숍이 있습니다. 나머지는 포지션이 거의 동일하기 때문에 흑은 최선의 게임을 할 수 있습니다. 실제 경기는무승부가 났는데, 양쪽에서 몇 가지 실수가 있었습니다.

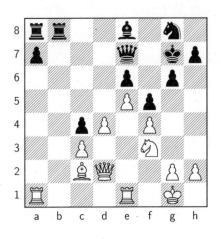

1922년 런던 인터내셔널 토너먼트에서 보골주보프와 V. 왈투치Victor Wahltuch의 경기입니다. 여기서도 평가는 간단합니다. 세력은 같지만, 흑은 e파일, c파일, a파일에 세 개의 허약한 폰들을 갖고 있습니다. 이 a파일 폰이 멀리까지 나아가면서제대로 보호된다면 백에게는 심각한 걱정거리가 되겠지만, 뒤쳐진 포지션에서는 약점이 될 수밖에 없습니다. 흑의 한 가지 양호한 점은 룩들 중 하나가 오픈 파일을 갖고 있다는 것입니다. 만약 흑 e8 비숍이 c6를 거쳐 d5에 배치되어 허약한 폰들 중 하나를 보호하는 동시에 긴 대각선을 따라 압력을 가할 수 있다면 흑의 게임은 나쁘지 않을 것입니다. 하지만 그런 일은 없을 텐데, 백의 첫 수가 Ba4가 될 것이기 때문입니다. 그의 쐐기 같은 대형은 공격적으로 매우 강합니다. 그는 또한 기물들을 위한 충분한 기동의 자유를 갖고 있습니다. 위에서 볼 때 이점은 백에게 있는 게 분명합니다. 이 포지션에서 백의 첫 수는 Ba4로 비숍을 교환하여 흑 비숍이 d5로 가는 일을 막아 흑의 허약한 c파일 폰과 e파일 폰에게 필요한 방어자를 빼앗았습니다. 이 수는 또한 a2를 통해 흑의 영토로 들어갈 수 있는 퀸을 자유롭게 만들었습니다.

실제 게임에서 백은 곧 두 개의 흑 폰, 허약한 c파일 폰과 e파일 폰을 잡았고, 얼마 지나지 않아 흑은 기권했습니다. 제시된 다른 예제들은 독자들에게 주어진 포지션의 가치를 판단하는 방법에 대한 좋은 아이디어를 제공할 것입니다. 이제 게임의 이 부분을 떠나 오프닝의 장으로 넘어가도록 하겠습니다.

3장
오프닝

아마도 오프닝에 관한 책들은 다른 체스 책들을 합친 것보다 많을 것입니다. 그 책들의 거의 대부분은 순전히 기술적인 내용이기 때문에 일반적인 플레이어에게는 거의 가치가 없습니다. 하나의 오프닝에는 수천 가지의 변형이 있습니다. 루이 로페즈를 예로 들어 보죠. 이 오프닝 한 가지만을 다루는 책의 저술은 쉬울 것입니다. 그런 책은 전문가에게는 매우 가치 있지만, 일반적인 플레이어에게는 거의 쓸모가 없습니다. 게임에 대한 철저한 지식을 가진 전문가는 하나의 오프닝에서 나올 수 있는 가능성들에 대해 전체 내용을 소진하거나 거의 소진하는 책으로부터 큰 이익을 얻는 게 가능합니다. 전문가는 그런 책을 아주 짧은 시간에 훑어보고 안에 있는 모든 것을 마스터할 수 있습니다. 그러나 일반적인 플레이어는 그럴 수 없습니다. 또한 전문가라면 오프닝 단계를 거친 후에, 오프닝 지식으로부터 가능한 모든 이점을 뽑아내는 방법으로 미들게임과 엔드게임을 다루는 방법을 알게 될 것입니다. 일반적인 플레이어로선 할 수 없는 일입니다. 그에게 있어서 그러한 책의 연구에는 대부분의 사람들이 기꺼이 체스 게임의 연구에 쏟는 것보다 더 많은 인내와 시간을 필요로 합니다. 그런 종류의 책은 무미건조하며, 백과사전이나 참고서를 제외하고는 어떤 것을 고려해도 수지가 맞지 않습니다. 그런 책들은 순수하게 기술적이기 때문에, 체스 게임을 지배하는 일반적인 법칙과 원칙을 가르치지 않습니다.

그래서 저는 오프닝에 대한 순수한 기술 서적이 전문가나 전문가에 가까운 이에게만 적합하다고 생각합니다. 일반적인 플레이어에게는 오프닝을 좀 더 전반적으로 다루는 책이 더 낫습니다. 전문가에게는 모든 사소한 세부 사항이 중요하지만, 일반적인 플레이어는 그러한 미세한 분석에 주의를 기울일 수 없으며, 원칙을 올바르게 적용한다면 좋은 상태가 될 수밖에 없다는 확신과 함께 보편적인 성격을 가진 적용 범위가 넓은 라인으로 자신을 제한해야 합니다.

오프닝에서는 체계성과 주의력이 필요합니다. 게임의 전체 구조는 처음 몇 수가 만든 결과일 수도 있습니다. 경험과 연습을 위해 오프닝의 다양화가 좋을 수도 있지만 효율성을 위해선 공격을 위한 단일 오프닝과 방어를 위한 단일 오프닝, 또는 전개법을 고수하는 게 더 나을 수 있습니다. 이러한 시스템은 해당 오프닝을 마스터할 때까지 수행해야 합니다. 그 후에 플레이어는 새로운 오프닝을 시작하면서, 점차적으로 여섯 가지 오프닝들에 익숙해질 수 있을 것입니다. 잘 익힌 이 여섯 개의 각기 다른 오프닝들은 일반적인 플레이어들이 좋은 결과를 얻기 위해 필요한 모든 것입니다. 나중에, 편리하고 마음에 든다고 생각되는 다른 오프닝들을 시도할 수도 있습니다. 그러나 당장은 오프닝을 단순히 게임의 초기 부분으로만 간주해야 하며, 여기서의 목표는 나중에 미들게임을 위한 계획과 콤비네이션을 전개시킬 수 있는 견고한 **포지션**을 구축하기 위해 체계성과 주의력을 기울여 자신의 기물을 꺼내는 것이어야 합니다.

이제 위에서 설명한 아이디어의 실제 적용을 살펴보겠습니다.

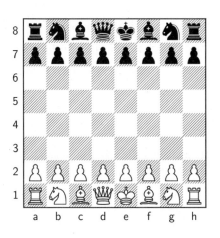

첫 수를 두기 전에 플레이어가 직면하게 되는 이중적인 문제가 있습니다. 가능한 한 빨리 기물들을 행동으로 옮기되, 가능한 한 네 개의 중앙 칸들을 통제하는 방식으로 해야 한다는 것입니다. 만약 백이 몇 수 안에 기물들을 꺼내고 동시에 의심할 여지없이 중앙을 통제할 계획을 전개시킬 수 있다면, 이론적으로 백은 **승리** 포지션을 차지할 것입니다. 따라서 백은 그렇게 하기 위해 노력해야 하고 혹은 그 시도를 차단하기 위해 노력해야 합니다. 백은 선수를 두기에 주도권을 쥐고 있습니다. 주도권은 시간과 행동의 우위를 의미하며, 따라서 이점입니다. 이러한 사실들을 염두에 둬야 무엇을 해야 할지 알아보기가 더 쉽습니다. 따라서 f4, e4, d4, c4의 네 가지 폰의 수들이 있으며, 이 수들은 중앙 제어를 위한 시도를 즉시 시작합니다. 이 네 수들 중에서 **f4**는 그 어떤 기물을 위한 길도 열어주지 않는 유일한 동작이므로 가장 약할 수밖에 없습니다. 그 다음 가는 약한 수는 **c4**로, 퀸에게만 길을 열어줍니다. 그리고 마지막으로 두 가지 수가 있습니다. e4와 d4는 퀸과 비숍을 위한 길을 열어 줍니다. 따라서 가장 좋은 오프닝 수가 될 수 있습니다. 그리고 아직 Nf3와 Nc3라는 다른 두 가지 오프닝이 더 있습니다. 이는 제 값어치를 하는 오프닝들이죠. 둘 다 좋은 수, 특히 Nf3가 그렇지만, 이 책의 목적을 위해서는 아직 다루지 않는 게 좋겠습니다. 어쩌면 백은 불리한 게임을 얻지 않을 첫 수가 될 대부분의 수를 둘 수 있다고 말하는 게 맞을 수도 있습니다. 유일한 예외는 g4, f3일 것이고 Nh3, Na3도 그렇습니다. h4는 못난 오프닝 수가 될 것이며 a4는 더욱 그렇습니다. 반면에 흑의 선택은 백보다 훨씬 더 제한적이며, 백의 특정 수에 대해서는 실제로 매우 제한적입니다. 이제 195쪽 다이어그램으로 돌아가서 백의 가장 좋은 두 오프닝 수들 중 하나를 살펴보겠습니다.

1   e4

이제 흑은 백의 첫 수에 대한 최선의 답으로 인정받는 네 가지 수들 중 하나를 선택할 수 있습니다. 이 네 가지 수는 ...e5(아마도 최선), ...e6(이른바 프렌치 디펜스), ...c6(카로칸 디펜스 Caro-Kann Defence), ...c5(시실리안 디펜스)입니다. 마지막 세 수들 중 하나를 선택하여 계속 플레이 하면 곧 그러한 유형의 게임에 익숙해질 것이고 아마도 좋은 결과를 얻을 것입니다. 하지만 다양성의 부족으로 게임의 재미를 많이 잃게 될 것입니다. 그는 또한 상상력에 기반한 작업을 덜하게 될 것이고 새로운 문제에 직면했을 때 그리 예민하지 못할 것입니다. 자신의 기질과

성향에 따라 플레이어는 하나의 정해진 오프닝을 사용할지 아니면 여러 개의 오프닝 중 하나를 플레이 할지 결정해야 합니다.

	1	...	e5

이제 선택권을 가진 사람은 백입니다. 그는 **Nf3**(최선의 수) 또는 **Nc3**나 **Bc4**, 모든 표준적인 수들, 그리고 **d4**의 센터 갬빗 Centre Gambit 또는 **f4**로 킹스 갬빗King's Gambit을 수행할 수도 있습니다. 킹사이드에서의 갬빗은 열등한 방법입니다. 그 갬빗들은 중앙을 더 잘 통제하기 위해 흑의 중앙 폰을 끌어낸다는 목적을 갖고 있습니다. 그러나 경험상 흑은 어느 경우든 폰을 안전하게 잡고 빠르게 게임을 동등하게 만들거나 더 나은 결과를 얻을 수 있습니다. 이전에는, 게임의 연구가 지난 몇 년처럼 발전하기 전에 마스터들은 온갖 종류의 갬빗에 탐닉했습니다. 오늘날, 한두 개의 예외를 제외하면 어떤 훌륭한 선수도 심각한 경기에서는 그러한 갬빗을 사용하지 않을 것입니다. 왜 전문가들이 플레이 하지 않는지를 보여 주기 위해 나중에 이 게임들의 주요 변형을 제시하겠습니다.

	2	Nf3	Nc6

흑은 또한 **2...Nf6**로 페트로프Petroff 또는 러시안 디펜스 Russian Defence, 또는 **...d6**로 필리도르 디펜스Philidor Defence를 할 수 있었습니다. 대다수의 전문가들은 이 두 가

지 수를 텍스트 무브보다 '약간' 열등하다고 봅니다. 다른 어떤 동작이라면 '매우' 열등할 것입니다. 2...Bc5는 백이 3 Nxe5로 흑에 대한 충분한 보상 없이 폰을 잡을 수 있기 때문에 안 좋습니다. 2...f6는 h5에서 체크를 위협하게 만드는 3 Nxe5 때문에 치명적입니다. 그리고 2...Qf6는 3 Nc3 또는 d4로 백이 전개상의 강력한 이점을 얻기 때문에 좋지 않습니다. 일반적으로 게임 초반에 몇 개의 마이너 기물들이 나오기 전에 퀸을 꺼내는 것은 나쁜 플레이입니다. 퀸이 보호 또는 공격을 위해선 마이너 기물들의 도움이 필요합니다.

3   Bb5

아마 이 포지션에서 가장 좋은 수일 것입니다. 이것은 가장 오래됐으며 최고의 오프닝 중 하나인 루이 로페즈를 구성합니다. 퀸스 갬빗을 제외하면 백에게 가장 강력한 오프닝일 것입니다. 지금까지의 백의 움직임은 전개하는 동시에 자연스럽게 공격적인 성격을 갖고 있습니다.

3   ...   d6

이는 오리지널 슈타이니츠 디펜스입니다. 백이 선택한 수를 정당화하는 순수한 방어적 수입니다. 이와 달리 3...a6에 이어 4 Ba4 후에 4...Nf6나 4...d6를 두는 다른 방어가 있습니다. 또한 4...Bc5가 뒤따를 수도 있지만, 저는 그 수가 다른 두 수보다 열등하다고 생각합니다. 개인적으로 지금의 저는 3...a6 4 Ba4 d6 방어를 선호합니다. 그것이 흑에게 백의 작은 실수에도 반격하여 주도권을 잡을 더 좋은 기회를 준다고 믿습니다. 다른 방어법인 3...Nge7이나 ...Bc5 또는 ...Qf6는 4 d4를 맞닥뜨릴 수 있는 3...Be7만큼이나 열등합니다. 3...Qf6는 4 Nc3를 만나게 될 테고 3...Bc5는 4 c3에 의해 d4로 이어질 것입니다. 신중하게 검토해 보면 흑의 허약한 방어 후 백이 얼마나 빨리 전개를 시작할 지 알 수 있습니다. 연구생이 명심해야 할 점입니다.

4	d4	Bd7

흑은 중앙을 포기하고 싶지 않기 때문에 간접적으로 자신의 e 파일 폰을 방어합니다. 연구생은 이러한 상황을 철저히 분석해야 합니다. 이 변형에서 백의 오프닝 동작은 매우 강력하지만, 흑의 회피에는 기교가 넘쳐납니다.

5	Nc3	Nf6
6	0-0	Be7
7	Re1	

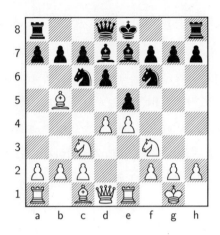

백의 마지막 수는 흑으로 하여금 중앙 폰을 교환하게끔 강요하여 중앙을 포기하게 만들려는 타라시 박사의 콤비네이션입니다. 깊이 묻힌 함정이죠. 슬쩍 보면 마지막 수로 인해 변한 것은 아무것도 없어 보입니다. 하지만 흑은 캐슬링을 하면 폰을 잃거나 안 좋은 상황이 됩니다. 따라서 7...0-0 8 Bxc6 Bxc6 9 dxe5 dxe5 10 Qxd8 Raxd8 11 Nxe5 Bxe4 12 Nxe4 Nxe4 13 Nd3 f5 14 f3 Bc5+ 15 Nxc5 Nxc5 16 Bg5 Rd5 17 Be7 Re8 18 c4로 흑은 나이트를 잃거나 백 비숍을 잡기 위해 룩을 잃을 수밖에 없습니다. 흑이 전개를 위해 캐슬링을 해야 한다면 다음과 같이 진행해야 합니다.

| 8 | ... | exd4 |
| 9 | Nxd4 | 0-0 |

백은 중앙 통제력을 얻었지만 흑의 포지션은 매우 견고합니

다. 경험상 좋은 수비형 선수는 이러한 포지션을 유지할 수 있음을 보여 주었습니다. 많은 게임들이 **10 Bxc6 bxc6 11 Bg5 Re8 12 Qd3 h6 13 Bh4 Nh7 14 Bxe7 Rxe7**으로 이어집니다.

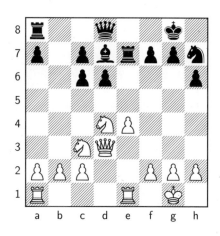

이 포지션은 공부할 가치가 있습니다. 백은 약점이 없고, 기물들은 자유롭지만 공격을 할 필요가 없습니다. 흑 포지션은 단단하고 d7의 비숍은 강력한 탑이 될 것입니다. 이 포지션의 흑은 퀸을 b8로 보내 백 b파일 폰을 공격했고, b6로 보내서 퀸사이드 전체를 방어하고 e8로 가게 될 퀸스 룩을 위한 자리를 마련했습니다. h7의 나이트는 백 나이트들 중 하나와 교환하거나 c5나 f4로 가기 위해 f8와 e6, 또는 g5와 e6에 몰두합니다. 다른 경우에는 필요에 따라 e5나 f4로의 이동을 위해 예약할 수 있는 g6로 f8를 통해 이동합니다. 만약 퀸들이 교환된다면 흑은 좋은 엔딩을 갖게 됩니다. 보드 양 사이드에 폰들이 있는 엔딩에서는 나이트보다 비숍이 우세하기 때문입니다. 또한 룩-비숍의 콤비네이션이 룩-나이트의 콤비네이션보다 강해서이기도 합니다. 흑의 유일한 진짜 약점은 고립된 a파일 폰이지만, 이 폰에 대한 공격은 다소 어려운 게 분명합니다. 왜냐하면 이 포지션은 언뜻 보기에는 백이 그리 만족스럽지 않기 때문이며, 전문가들은 6수 이후 백의 운영을 개선하기 위해 노력했습니다.

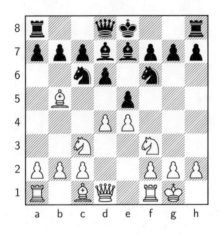

위 다이어그램은 흑의 6수 이후 포지션입니다. 백은 ...exd4를 강제하기 위해 지금 7 Re1을 두는 대신, 어떤 이는 7 Bxc6 Bxc6 8 Qd3를 추진했고, 폰을 잡는다고 위협하기에 강제된 8...exd4 9 Nxd4 Bd7(c6에서 백 나이트와 교환하기에는 흑 비숍의 가치가 너무 높습니다) 10 g5로 매우 견고한 포지션과 흑보다 큰 자유를 갖게 됩니다. 반면 흑은 탄탄한 포지션을 갖고 있고 허약한 고립된 폰은 없지만 이전보다 전개의 자유는 훨씬 줄었습니다. 그러나 백이 승리 포지션을 차지했다고 말할 수는 없습니다. 좋은 수비 플레이가 흑을 곤경에서 벗어나게 할 것입니다.

이제 이 매우 중요한 오프닝의 주요 변형 중 하나를 검토하겠습니다. 왜냐하면 그 중요성 때문입니다. 전문가들이 사용하는 주요 변형들 중 일부를 그 일반적인 성격에 대한 매우 가벼운 논평과 함께 아래에 제시합니다.

루이 로페즈

1	e4	e5
2	Nf3	Nc6
3	Bb5	a6
4	Ba4	d6

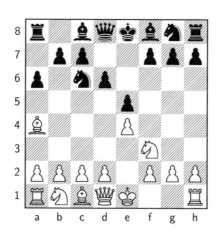

흑의 세 번째 수인 3...a6는 폴 모피Paul Morphy라는 위대한 선수가 루이 로페즈를 상대로 항상 이러한 수를 뒀기 때문에, 소위 모피 디펜스Morphy Defence를 구성합니다. 이 수는 ...d6와 결합하여 슈타이니츠 디펜스Steinitz Defence, 모피-슈타이니츠 디펜스라고 불릴 만한 것을 갖게 됩니다. 왜 그

것이 그렇게 불리지 않는지 설명하기는 어렵습니다. 그것은 체스 역사상 가장 위대한 이름들 중 두 개를 연결할 것입니다. 이 콤비네이션의 장점은 크게 두 가지인데, 우선 백의 중앙을 위협하며 백으로부터 주도권을 빼앗는 위협이 될 수 있는 ...f5를 위협한다는 것입니다. 그리고 또한 백이 바로 5 d4를 두는 걸 막습니다. 왜냐하면 5...b5 6 Bb3 Nxd4 7 Nxd4 exd4로 백은 8 Qxd4를 둘 수 없는데, 8...c5에 이어 ...c4로 기물이 잡히게 되기 때문입니다. 그러므로 백은 8 Bd5 Rb8 9 Qxd4 Nf6로 이어야 하며, 이로 인해 흑은 기물을 전개시킬 시간을 얻어 매우 우세해집니다.

다이어그램의 포지션으로 돌아가 보겠습니다. 백은 5 Bxc6+ bxc6 6 d4를 둘 수 있습니다. 흑은 6...f6를 둬서 중앙을 유지할 수 있습니다. 흑의 포지션이 다소 갑갑한 게 사실이지만, 그 대가로 계속적인 이득이 있는 두 비숍으로 매우 치밀한 게임을 할 수 있습니다. 그리고 밝은 대각선 칸에 백 비숍이 없어져서 흑 킹은 훨씬 더 안전해집니다.

루이 로페즈

(첫 3수는 앞 기보와 동일)

4	Bxc6	dxc6
5	d4	exd4
6	Qxd4	Qxd4
7	Nxd4	Bd6

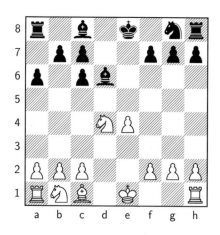

　흑은 퀸사이드에 더블 폰을 갖고 있는 반면 백은 킹사이드에
세 개의 흑 폰에 맞서는 네 개의 폰을 갖고 있어서 덜 중요한 사
이드에 있는 폰들보다 우위를 점하고 있습니다. 이 순간 보드에
서 기물들을 모두 없앤다면 백은 킹-폰 엔딩으로 이길 것입니
다. 백이 이 변형을 두는 이유는 그러한 가정에 근거합니다. 즉,
지금부터는 교환이 백에게 유리함을 알 수 있습니다. 반면에 흑
은 두 개의 비숍과 높은 자유성을 갖고 있으며, 그로부터 다소간
의 이득을 얻어야 합니다. 저의 개인적인 의견은 이 변형에서 흑
킹은 킹사이드에 있어야 한다는 것입니다. 그럼으로써 기물이
교환되고 보드에 남은 말이 적어지면 흑 킹은 백이 우세한 킹사
이드에서 백 폰의 진격에 맞서 준비될 것입니다. 폰 엔딩에서 킹
은 가능한 한 싸우는 기물이 되어야만 합니다.

루이 로페즈

4	Ba4	Nf6
5	0-0	Be7
6	Re1	b5
7	Bb3	d6
8	c3	0-0
9	d4	exd4

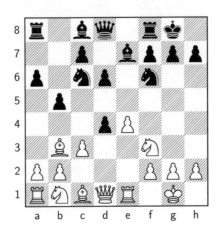

9...exd4는 앞선 움직임과 결부된 보골주보프의 생각입니다. 그는 포지션의 안정이나 균형을 깨뜨립니다. 그럼으로써 분명 그는 중앙을 포기하지만, 잠깐일 뿐입니다. 백이 10 cxd4를 두자마자 ...Bxf3를 위협하는 10...Bg4가 나오며 백이 11 Be3로 응수하면 그는 11...Na5로 이어서 비숍들 중 하나의 교환을 위협하며 필요한 순간에 백의 중앙을 부수고 백 킹사이드 폰들의 우세에 맞서 퀸사이드 폰들의 우세를 얻을 수 있는 ...c5를 둘 준비를 합니다. 흑 폰들은 전진했을 뿐만 아니라 계속해서 자유

롭게 전진할 수 있는 반면 킹사이드의 백 폰들은 뒤에 킹이 자리한 핸디캡이 있기 때문에, 그런 관점에서 보면 흑에게 유리한 포지션이 될 것입니다. 그러나 백은 다른 곳에서 보상을 받습니다. 게다가 백은 열한 번째 수로 Be3 대신 Nc3를 둠으로써 흑의 계획 전체를 막을 수 있습니다. 그렇게 되면 흑은 11...Bxf3 12 gxf3를 두고 백에게 탁월한 게임을 제공하게 됩니다. 이 모든 변형은 만약 전개가 건전한 라인을 따라 이루어진다면, 만들려고 시도할 어떤 계획도 만족시킬 방법이 항상 있으리라는 사실을 연구생들에게 증명합니다.

루이 로페즈

(첫 7수는 앞 기보와 동일)

8	c3	Na5
9	Bc2	c5
10	d4	Qc7

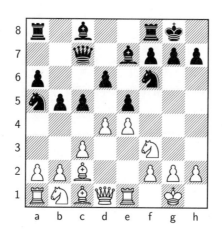

아주 오래된 형태의 방어. 여느 상황과 마찬가지로 전개는 중앙 통제권을 잡으려는 전투로 이뤄졌습니다. 양쪽 포지션은 모두 견고하지만, 흑은 폰 대형이 허약합니다. 흑은 일반적으로 백이 중앙에서 자신의 의도를 드러내도록 유도하기 위해 나이트를 c6로 되돌립니다. 백이 dxe5나 c5를 둔다면 흑은 그의 뒤쳐진 d파일 폰을 없앨 것이고, e7의 비숍은 조금 더 자유롭게 움직이게 될 것입니다. 백은 다른 곳에서 보상을 받는다는 보장이 없는 한 당연히 이런 교환을 피할 것입니다. 백은 보통 그의 중앙 폰들을 현재 있는 자리에 가능한 한 오래 유지하고, 그 사이에 퀸스 나이트를 d2와 f1을 거쳐 e3로, 나중에 흑 포지션에 있는 구멍인 d5에 배치합니다. 또는 퀸스 나이트를 d2를 거쳐 f1으로 보낸 후 폰을 d5로 전진시켜 퀸사이드를 차단할 수 있습니다. 그리고 그는 Ng3로 이을 수 있는 h3와 g4를 두어, 흑 킹을 상대로 한 공격을 시작할 수 있습니다. 이를 볼 때, 여느 때와 마찬가지로 백의 주도권 보유가 명백합니다. 흑의 목적은 백의 이러한 계획 실행을 막거나 맹공을 받을 준비를 갖추는 것입니다. 흑의 가능성은 이와 유사한 모든 포지션에서처럼 첫 번째 기회에 주도권을 잡고 결정력을 얻을 수 있는 퀸사이드Queen's Wing에서의 전진에 있습니다. 이 책에서 설명한 이론에 따라 흑 퀸사이드 폰들은 수비적으로는 약하지만 공격적으로는 강합니다.

루이 로페즈

| 1 | e4 | e5 |

2	Nf3	Nc6
3	Bb5	a6
4	Ba4	Nf6
5	0-0	Nxe4
6	d4	b5
7	Bb3	d5
8	dxe5	Be6
9	c3	Bc5 또는 Be7

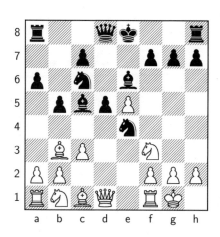

위 다이어그램은 9...Bc5를 뒀을 때입니다. 흑은 전개에서 우위를 점했지만 퀸사이드의 매우 나쁜 폰 대형이라는 비용이 들었습니다. 흑의 c파일 폰은 매우 뒤쳐졌으며 경험상 대개는 백이 흑의 b파일 폰과 d파일 폰을 올리는 걸 막는 좋은 플레이를 보게 될 수 있습니다. 만약 c파일 폰이 다른 폰과 수평을 맞출 수 없다면 퀸사이드에 있는 백 폰 세 개가 흑 폰 네 개를 묶게 됩니다. 그리고 실질적으로 백은 킹사이드에서 4대 3인 폰들 덕분

에 그가 좋은 폰들을 소유한 것인양 운영하게 될 것입니다. 이 변형에서 e5에 있는 백 폰은 흑 포지션에 쐐기 역할을 합니다. 흑이 그걸 ...f6로 제거하려고 하면 킹사이드가 약화되며, 포지션의 특성상 흑은 사실상 킹사이드 캐슬링을 강요받을 수밖에 없기 때문에 다소 위험한 상황이 발생할 것입니다. 게임은 다음과 같이 계속될 수 있습니다. 10 Qe2 0-0 11 Be3 f5 12 exf6 e.p. Qxf6 13 Nbd2 Nxd2 14 Qxd2 Bxe3 15 Qxe3로 백은 더 나은 포지션을 갖게 됩니다.

9...Be7을 둔 위 두 번째 다이어그램에서 게임은 다음과 같이 이어집니다. 10 Nbd2 Nc5 11 Bc2 d4 12 Ne4 dxc3 13 Nxc5 Bxc5 14 Be4 Qd7 15 bxc3 Rd8 16 Qxd7+ Bxd7 17 Rd1 Ne7(아마도 최선. 흑은 18 Be3 Bxe3 19 Rxd7 Rxd7 20 Bxc6 때문에 캐슬링을 할 수 없습니다) 18 Nd4로 백은 이점을 얻게 됩니다. e5의 백 폰이 흑 기물들의 동작을 제한하는 반면, 백은 동작의 자유를 가집니다. 저는 토너먼트에서 여러 번 이 포

지션을 얻는 행운을 누렸고, 백 포지션의 의심할 여지 없는 우월성을 증명했습니다.

루이 로페즈에는 훨씬 더 많은 좋은 변형들이 있지만, 지금까지 나온 것들이 전문가들에게 가장 많이 사용되고 있습니다. 연구생들은 처음부터 중앙의 통제를 목표로 하는 보편적인 형태의 전개를 고려해야 합니다. 기물들은 일반적으로 공격으로부터 가능한 한 안전하게 통제되는 칸에 배치됩니다. 필수적인 목적을 위한 두 번째 이동이 필요한 경우를 제외하고 완전히 전개되기 전까지는 동일한 기물을 두 번 이동하지 않도록 주의해야 합니다. 폰 대형뿐만 아니라 오프닝 동작에서 발생하는 기물 기동성의 증가 또는 감소는 항상 염두에 두어야 할 요소입니다. 오프닝에서 단독 폰이 얻는 이득은 대부분 긍정적인 결과를 만듭니다. 일반적인 플레이어들에게는 이러한 사안들에 대한 더 이상의 논쟁은 무익하다고 판명될 것입니다.

정보를 위하여 백의 두 번째 수인 2 f4 또는 2 d4에서 발생하는 일부 갬빗의 단일 변형을 아래에 제시합니다.

킹스 갬빗King's Gambit

1	e4	e5
2	f4	exf4
3	Nf3	g5
4	Bc4	Bg7

무지오 갬빗Muzio Gambit을 가져오는 **4...g4**는 안전하지 않고 불필요합니다. 텍스트 무브가 흑에게 더 훌륭한 게임을 제공합니다.

5	0-0	d6
6	d4	Nc6
7	c3	h6

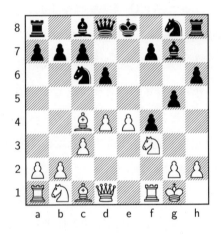

7...h6는 흑이 폰 하나를 앞서는 우위를 남기는, e7이나 f6에 나이트를 둬서 킹사이드 캐슬링을 하기 위함입니다.

킹스 비숍 갬빗King's Bishop Gambit

1	e4	e5
2	f4	exf4
3	Bc4	

이것은 가장 다루기 어려운 갬빗입니다. 흑은 h4에서 체크하여 백의 캐슬링을 막을 수 있지만, 그렇게 하려면 마이너 기물들을 참여시키기 전에 퀸을 꺼내야 합니다. 그리고 그러한 플레이에서는 발생할 수 있는 수많은 복잡성이 있기에, 최종 결과가 불안해집니다. 하지만 흑은 지금 다음과 같이 둬서 그 모든 복잡성을 피할 수 있습니다.

3   ...   Nf6

만약 지금 백이 4 e5를 둔다면 흑은 4...d5로 매우 유리한 열린 게임을 얻게 됩니다.

4   Nc3   Nc6

흑은 목적과 관련하여 다른 행마를 만드는 일에 대해 매우 조심해야 합니다. 사소한 실수가 재앙을 가져올 것입니다. 여기서 흑의 텍스트 무브는 백의 e5를 막는 것과 동시에 기물을 싸움으로 끌어내는 것을 방지합니다.

5   d3

이와 다른 어떤 수도 흑에게 확실한 이점을 줄 것입니다. 그러므로 5 d4 Bb4면 백은 ...Nxe4와 ...d5의 이중 위협에 대한 어떤 좋은 수비도 할 수 없습니다. 만약 5 Nf3면 5...Bb4 6 0-0

213

0-0 7 d4 d6로 흑이 이득을 얻습니다.

5   ...   Bb4

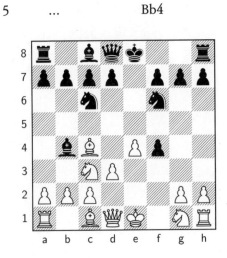

백은 d5로 향하는 흑 d파일 폰의 위협적인 전진에 맞설 좋은 수가 없습니다. 즉, 백이 6 Ne2나 6 Bxf4를 두면 흑은 6...d5를 둬서 매우 견고한 포지션의 자유로운 열린 게임을 갖습니다.

센터 게임Centre Game

1	e4	e5
2	d4	exd4
3	Qxd4	Nc6
4	Qe3	Nf6
5	Nc3	Bb4
6	Bd2	0-0

7	0-0-0	Re8
8	Qg3	Nxe4
9	Nxe4	Rxe4
10	Bf4	Qf6

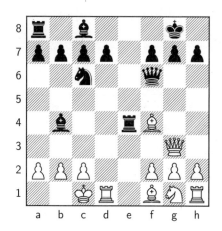

흑은 폰을 공짜로 주고 이 책에 명시된 원칙을 따라 주도권을 잡습니다. 만약 백이 11 Bxc7을 두면 흑은 11...d6로 그 비숍을 차단하고 자신의 나머지 기물들을 게임으로 끌어냅니다.

11	Nh3	d6
12	Bd3	Nd4

흑은 12...Re8를 둘 수도 있습니다. 그러면 백의 공격을 물질적 손실 없이 멈추게 될 것입니다. 그리고 폰을 더 많이 사용하며, 흑은 분명 유리해질 것입니다. 그런데 그보다 텍스트 무브가 더 공격적이어서, 이 책에서 설명한 이론들에 더 일치합니다.

13	Be3	Rg4
14	Bxd4	Rxd4
15	c3	Bxc3
16	bxc3	Rg4
17	Qe3	Qxc3+
18	Bc2	Qxe3
19	fxe3	Rxg2

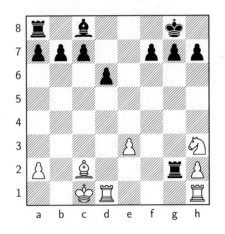

흑은 나이트 하나에 대응하는 네 개의 폰으로 승리하는 포지션을 차지할 절호의 기회를 갖게 되었습니다. 게다가 남은 백 폰들은 모두 고립되어 있습니다. 매우 생동감 있는 변형입니다.

센터 갬빗Centre Gambit

1	e4	e5
2	d4	exd4

3	c3	d5

흑은 폰을 잡고, 그 동작에서 발생하는 여러 개의 갬빗들 중 하나를 실행할 수 있었지만, 텍스트에서처럼 더 간단하고 쉽게 플레이 하였습니다.

4	exd5	Qxd5
5	cxd4	Nc6
6	Nf3	Bg4
7	Be2	Bb4+
8	Nc3	Bxf3
9	Bxf3	Qc4
10	Bxc6+	bxc6
11	Qe2+	Qxe2+
12	Kxe2	0-0-0

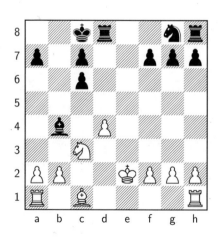

그리고 흑은 비록 퀸사이드 폰 대형이 부서졌지만, 백이 d파일 폰을 방어하는 어려움을 겪을 것이기에 우위를 가집니다. 흑은 오픈 파일에 룩들 중 하나를 두고 있을 뿐만 아니라, ...Ne7과 ...Rhe8를 둠으로써 f5로부터 발생하는 흑 나이트 위협으로 백 킹과 백 d파일 폰에 큰 압력을 가할 것입니다.

다른 많은 좋은 갬빗들이 있지만 그것들의 연구는 이 책의 범위가 아닙니다. 제시된 갬빗들은 e4 수에 이어 f4 또는 d4로 발생하는 갬빗입니다. 독자들은 이런 갬빗들에서 발생하는 포지션과 루이 로페즈에서 발생하는 포지션을 비교해 보십시오. 아마도 리더급 전문가들이 이런 갬빗들보다 백 기물로 루이 로페즈를 두길 선호하는 이유를 알게 될 것입니다.

이제부터는 1 d4로 시작하는 오프닝을 다루겠습니다. 1 d4에서 발생하는 게임의 유형은 소위 **닫힌closed** 게임으로 불립니다. 연관된 플레이는 일반적으로 포지션 플레이일 수밖에 없습니다. 체스에서 포지션 플레이는 가장 어려운 일입니다. 설명하기도 어렵고 이해하기도 어렵습니다. 때때로 수 선택은 의견의 문제일 뿐, 이런저런 방법론으로 증명하기가 어렵습니다. 독자가 이에 대해 읽을 때쯤이면 그의 게임이 1 d4로 발생하는 복잡한 변형 속으로의 진입을 정당화할 만큼 충분히 향상되었기를 바라며, 이 오프닝이 책의 끝자리에 남겨진 것도 바로 그런 이유 때문입니다.

퀸스 갬빗Queen's Gambit

1	d4	d5

흑은 또한 1...Nf6 또는 1...e6 또는 1...f5 또는 1...c6 또는 1...c5 또는 1...d6를 둘 수 있습니다. 다른 모든 수들은 열악하며, 흑에게 처음부터 희망이 없는 게임을 제공할 것입니다.

2	c4

딜레마가 발생했습니다. 흑은 백 폰을 잡아야 할까요, 말아야 할까요? 폰을 잡을 수 없는지는 확실하지 않은데, 그것이 흑이 딜레마에서 벗어날 최선의 방법일지도 모릅니다. 현재 대부분의 전문가들은 흑이 백 폰을 잡으면 백의 전개가 더 쉬워진다고 믿습니다. 따라서 폰을 잡지 않는 흑에게 남은 두 가지 주요 동작, 즉 2...e6 또는 2...c6를 살펴봅시다.

2	...	e6
3	Nc3	Nf6
4	Bg5	Be7
5	e3	0-0
6	Nf3	Nbd7

6...Nbd7 외의 다른 가능한 방어는 6...c6, 6...b6, 그리고 6...Ne4입니다. 그러나 그것들은 텍스트의 변형에 비해 열등할 수 있습니다. 어쨌든 우리의 목적은 흑을 위한 한 가지 좋은 방

어의 제시입니다. 그래야 연구생이 안전한 기반 위에 설 수 있습니다. 나중에 그가 원한다면, 이 오프닝의 무수한 변주에 빠져들 수 있을 것입니다. 퀸스 폰 오프닝에 관한 책의 어느 팸플릿이나 챕터에도 그 변주가 수백 개는 있을 테니까요.

7	Rc1	c6

흑은 백 비숍이 나오자마자 ...dxc4를 두기 위한 전개와 준비를 합니다. 이 방법으로 그는 템포(체스에서 시간-수적인 단위를 가리키는 단어)를 얻습니다. 왜냐하면 백 비숍이 연속적으로 두 번 움직여야 하기 때문입니다. 반면 백은 흑 퀸스 비숍의 전개에 도움이 될 cxd5를 하고 싶지 않습니다. 퀸스 갬빗에서 흑의 가장 큰 난관은 자신의 퀸스 비숍의 성공적인 전개라고 지금 말해 두는 것이 좋겠습니다.

8	Bd3

포지션을 보면 백이 중앙을 더 잘 통제하며 기물을 위한 더 많은 자유를 가지고 있음을 알 수 있을 것입니다. 반면에 그는 아직 캐슬링을 하지 않았습니다. 흑은 이제 백 캐슬링 전에 자신의 포지션을 자유롭게 만들려고 노력해야 합니다. 그렇지 않으면 그의 포지션은 점점 더 나빠질 겁니다. 게다가, 흑은 퀸스 비숍을 게임에 투입시키기를 원합니다. 확실히, 그는 ...b6에 이어 ...Bb7을 둘 수 있지만 그러면 일곱 번째 수 ...c6는 실패한 수

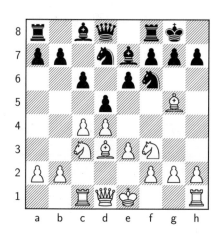

였습니다. 따라서 흑의 문제는 시간 손실 없이 포지션을 어떻게 자유롭게 만들까 하는 점입니다. 방법은 다음과 같습니다.

8	...	dxc4
9	Bxc4	Nd5
10	Bxe7	Qxe7
11	0-0	Nxc3
12	Rxc3	e5

몇 년 동안 저는 성공적으로 12...b6를 뒀습니다. 그 뒤를 이어 b7에 비숍을, c8에 퀸스 룩을, d8에 킹스 룩을 배치하고, 상황에 따라 폰을 c5로 전진시키거나 그 전에 나이트의 첫 배치를 f6나 f8에 두곤 했습니다. 한때 폰이 c5에 있는 흑 포지션은 훌륭했습니다. 불행하게도 1929년 부다페스트에서 저는 이러한 저의 시스템과 맞서는 경기를 해야 했습니다. 그리고 백의 13

Qc2에 의해 흑의 포지션은 이내 유지될 수 없게 되었습니다.

13	dxe5	Nxe5
14	Nxe5	Qxe5
15	f4	Qe4

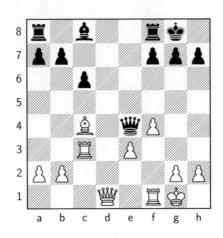

15 f4는 흑의 퀸스 비숍 유입을 막기 위한 보골주보프의 수입니다. 백의 아이디어는 흑의 움직임에 따라 e4 또는 f5 중 하나를 둬서 흑 비숍이 게임에 등장하는 일을 막는 것이었습니다. 15...Qe4는 백의 이러한 행마를 막는 게 목적입니다. 만약 백이 16 Qe2면 16...Rd8 17 Bd3 그리고 17...Bg4!로 흑에게 유리한 게임이 됩니다. 만약 16 Bb3인 경우에는 16...Bf5를 두면됩니다. 백의 최선은 16 Re1, 여기에 맞서는 흑의 최선의 응수는 16...Qe7입니다. 흑 비숍이 안전하게 나오기에는 다소 어려울 게 분명합니다. 또 무엇을 할 수 있을까요? 221쪽 다이어그램으로 돌아가 봅시다. 그 포지션에서 흑은 ...dxc4를 준비하기

위해 우선 **8...h6**를 둘 수 있습니다.

8	...	h6
9	Bh4	dxc4
10	Bxc4	Nd5

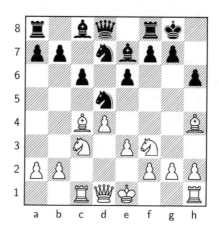

지금 **11 Bxe7 Qxe7 12 0-0 Nxc3 13 Rxc3 b6**가 된다면 제 오래된 흑의 방어 시스템이 완벽하게 작동합니다. 왜냐하면 h6의 폰으로 인해 **14 Qc2**는 **14...Bb7**으로 응수되고 백은 **15 Bd3**로 중요한 템포를 얻을 수 없기 때문입니다. 오래된 포지션에서 이 행마는 h7 폰으로 h파일 폰을 공격했고, 흑이 어떻게 움직이느냐에 따라 **Be4**나 **Ne5**로 c파일 폰을 공격할 시간을 벌었습니다. 만약 백이 **11 Bb3**를 두면 다음과 같습니다.

11	Bb3	Nxc3
12	bxc3	b6

13	0-0	Bb7
14	Qe2	Nf6

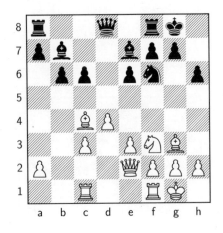

흑에게 어려운 게임입니다. 백은 중앙을 더 잘 통제하고 있으며 자유로운 경기를 합니다. 연구생들은 이때쯤 체스의 가장 큰 문제가 백의 정확한 전개에 맞서 흑 기물을 어떻게 다루는지라는 걸 실감할 것입니다. 사실 백이 선수를 둠으로써 주도권을 갖게 되고, 주도권은 이점입니다. 첫 수는 또한 시간을 의미하는 템포이며, 시간은 고려되어야 하는 요소입니다. 다이어그램의 포지션에는 흑이 고민에서 벗어나기 위해 명심해야 할 두 가지가 있습니다. 하나는 자신의 밝은 칸에 있는 c파일 폰의 전진 시간이며, 다른 하나는 기회가 생기는 대로 백 퀸스 비숍을 제거하는 것입니다. 물론 그가 백 킹스 비숍을 없앨 수 있다면 형편이 좋아지겠지만, 이 기회는 매우 희박합니다. 흑 c파일 폰의 전진은 백의 Rfd1이 이뤄졌을 때 실행되어야 합니다. 그러면 상황에 따라 백 퀸스 비숍은 흑 킹스 비숍 또는 흑 킹스 나이트 중 하나

와 교환될 수 있습니다. 흑 c파일 폰의 전진은 시간을 너무 많이 뺏기거나 백 포지션을 너무 강화하지 않도록 신중하게 타이밍을 맞춰야 합니다. 그러나 이러한 유형의 게임은 많은 실수의 기회를 제공합니다. 백은 자신의 이점을 지나치게 압박하여 도를 지나치면 갑작스레 자신의 포지션이 나빠질 수 있으며, 최선은커녕 목숨을 부지하기 위해 싸워야 할 상황에 직면할 수도 있습니다.

흑의 2...e6에서 많은 변형이 발생하지만, 앞서 언급한 바와 같이 이 책의 목적은 모든 것을 담는 게 아닙니다. 이미 보여 준 변형으로 연구생들은 자신을 위한 좋은 교훈을 얻을 수 있을 것입니다. 어쨌든 위에 제시된 것보다 처리하기 쉬운 다른 변형이 있는지는 다소 의심스럽습니다.

이제 2...c6에서 발생하는 몇 가지 사례를 살펴보겠습니다.

퀸스 갬빗

| 1 | d4 | d5 |
| 2 | c4 | c6 |

2...c6는 비숍의 라인을 계속 열어 두는 ...e6보다 유리합니다. 그런 관점에서 보면, 2...e6에서 발생하는 것보다 더 나은 방어가 될 수 있습니다.

| 3 | Nf3 | Nf6 |

흑은 이미 폰을 잡겠다고 위협하고 있으며, 이어서 ...b5로 방어할 수 있을 것입니다. 백은 항상 폰을 보상받을 수 있는 방법을 찾을 수 있는 게 사실이지만, 그렇게 되려면 흑이 게임 전개에 사용할 수 있는 많은 시간을 잃어야 합니다.

4	Nc3	dxc4
5	a4	

백은 또한 5 e3를 둔 다음 5...b5 6 a4 b4 7 Nb1을 따라 폰을 되찾을 수 있었습니다. 이 변형에서 흑은 자신의 퀸스 비숍을 b7에 배치하고, 퀸스 나이트를 d7에 배치하며, 마지막으로 폰을 c5로 전진시킵니다. 이 모든 것은 첫 ...e6를 둔 후에 이뤄집니다. 때때로 흑은 백의 플레이에 따라 폰을 c5로 전진시키기 전에 ...a5와 ...Qb6를 두는 게 필수적입니다. 이런 식으로 흑은 좋은 전개를 얻습니다. 사실 전문가들은 흑이 너무 좋은 게임을 얻는다고 생각하기 때문에 백을 위한 운영 라인을 포기했습니다. 그것이 정확한지 아닌지는 말하기 어렵습니다. 결과적인 포지션은 매우 복잡하기에 어떤 경우라도 연구생들로선 전문가들의 일반적인 추세를 따르는 게 더 쉬울 것입니다. 단, 오류로 판명될 수 있는 몇 가지 경우를 제외하고는 말입니다. 텍스트 무브 5 a4는 현재 전문가들에 의해 백의 게임을 전개하는 가장 만족스러운 방법으로 간주되고 있습니다.

5	...	Bf5

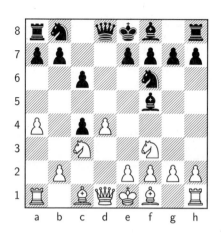

퀸스 비숍이 나왔고, 나왔을 뿐만 아니라 중요한 중앙 칸 e4
를 통제합니다. 이론적으로 이것이 흑의 최선의 전개 형태일 것
입니다. 이는 분명 일반적인 플레이어를 위한 것이며, 저는 독자
들에게 이러한 형태의 퀸스 갬빗 방어를 사용하길 강력히 권고
합니다. 전문가들을 마주할 때만 문제가 있을 것이고, 전문가와
마주하게 되면 어떤 방어법을 채택하든 문제가 항상 발생할 것
입니다. 여기서 흑은 모든 기물을 밖으로 보낼 수 있으며, 다른
방어들에서처럼 퀸스 비숍을 작동시키기 위해 고군분투할 필요
가 없게 됩니다.

    6   Ne5

백은 또한 6 e3 e6 7 Bxc4 Bb4 8 0-0 0-0 9 Qb3로 좋은
게임을 가질 수 있습니다.

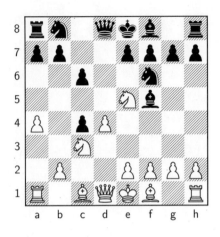

　흑은 분명하게 다른 두 방어선들을 가지고 있습니다. 그는 6...e6를 둘 수 있으며, 그로 인해 백은 7 f3에 이어 e4를 둬서 비숍의 동선을 차단할 수 있습니다. 이 변형에서 백은 상황에 따라 나이트 또는 비숍으로 c4에서 폰을 재탈환하고, e3 또는 g5에 퀸스 비숍을 배치한 다음, 흑의 퀸스 비숍이 게임에 적극적으로 참여하지 못하도록 e4, f3, g2 대형의 폰들을 최대한 유지할 것입니다. 백이 충분할 정도로 그 상태를 오래 유지할 수 있다면 그는 실용적인 비숍이 흑보다 더 많은 상태로 경기하게 되기에 승리할 좋은 기회를 가질 것입니다. 그런 일을 피하기 위해 흑은 6...Nbd7으로 시작하는 다른 전개 방식을 채택할 수 있습니다. 다시 말하지만, 이것은 오프닝에서 **기물은 폰보다 먼저 이동해야 한다**라는 일반 이론에 더 부합합니다. 이는 물론 그와 달리 할 특별한 이유가 없을 때를 의미합니다. 이쯤에서 닫힌 오프닝에서는 이 원칙이 열린 게임에서처럼 정규적으로 적용되지는 않는다고 말하는 게 좋겠습니다. 또한 닫힌 오프닝에서는 오픈 게임보다 시간 요소가 덜 중요합니다. 닫힌 오프닝에는 매우 우세하게 적용되는 한 가지 요소가 있습니다. 그것은 **포지션**이며, 물질이 근소한 차이로 두 번째를 차지합니다. 6...Nbd7으로 시작하는 변화를 살펴봅시다.

6	...	Nbd7
7	Nxc4	Qc7

흑은 또한 7...Nb6를 둘 수도 있었지만 백 나이트가 e5로 돌아갈 수 있었기 때문에 아무것도 얻지 못했을 겁니다. 흑의 텍스트 무브는 ...e5를 즉시 두고 완전한 전개를 획득하자는 아이디어로 이루어집니다. 이 모든 것은 전개의 일반 원칙과 일치합니다.

8	g3	e5
9	dxe5	Nxe5
10	Bf4	Nfd7
11	Bg2	f6
12	0-0	Be6
13	Nxe5	fxe5
14	Be3	Bc5

흑이 아직 캐슬링을 하지 않았기 때문에 백은 전개에 있어 약간의 진전이 있었습니다. 백은 또한 더 확고한 포지션을 차지하

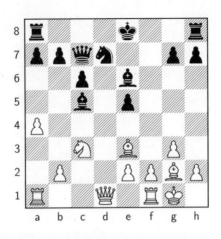

기도 하지만, 흑도 거의 전개를 마쳤으므로 지나치게 많은 땅을 잃지 않고 캐슬링을 할 수 있다면 모든 고난에서 벗어날 수 있을 것입니다.

우리는 이제 퀸스 갬빗에 대항하여 흑이 배치할 수 있는 최선의 방어들을 보았습니다. 정보를 위해 주로 사용되는 두 가지 변형을 더 제공하겠습니다.

퀸스 갬빗

1	d4	d5
2	c4	e6
3	Nc3	Nf6
4	Bg5	Be7
5	Nf3	0-0
6	e3	Nbd7

| 7 | Rc1 | b6 |

흑의 7...b6는 b7에 비숍을 전개시켜 c파일 폰을 c5로 전진시키자는 아이디어입니다.

| 8 | cxd5 | exd5 |
| 9 | Bb5 | |

9 Bb5는 흑 c파일 폰의 전개를 막으면서 전개를 완성시키려는 저만의 발상입니다. 다른 표준적인 수로는 9 Bd3와 9 Qa4가 있습니다. 텍스트 무브가 셋 중에서 가장 강할 것입니다.

9	...	Bb7
10	0-0	a6
11	Ba4	Rc8

흑의 11수에서 c파일 폰의 c5 전진은 **12 Bxd7 Nxd7 13 Bxe7 Qxe7 14 dxc5 Qxc5**로 백에게 이득이 되기에 안전하지 않을 것입니다.

| 12 | Bb3 | |

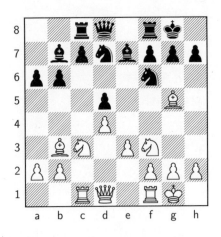

그리고 흑 c파일 폰이 c5로 전진하면 백에게 잡히며 흑은 폰의 손실을 피하기 위해 나이트로 재탈환해야 합니다. 나이트로 재탈환함으로써 흑은 고립된 d파일 폰이 남게 되고, 방어가 어려워지며, 이에 대한 보상은 없을 것입니다.

퀸스 갬빗

1	d4	d5
2	c4	e6
3	Nc3	c5

3...c5는 타라시 박사가 추천하였습니다. 이는 흑에게 빠르고 자유로운 전개를 주지만, 백의 정확한 플레이를 방어하기가 매우 어려워지는 취약한 고립된 d파일 폰을 남깁니다.

4	cxd5	exd5
5	Nf3	Nf6
6	g3	Nc6
7	Bg2	Be7
8	0-0	0-0
9	dxc5	Bxc5
10	Na4	Be7
11	Be3	

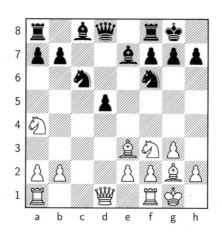

흑의 d파일 폰이 고정되었습니다. 백이 d4와 c5 칸을 지배하기에 흑은 d파일 폰을 방어하는 데 어려움을 겪습니다. 흑에게 있어 이 변형의 나쁜 특징은 매우 어려운 게임을 해야 하는 것 외에도 백이 심각한 실수를 할 기회가 많지 않은 점입니다. 왜냐하면 전체적인 플레이가 백이 잡으려 하기에 흑이 방어해야 하는 d파일 폰에 집중되기 때문입니다. 이와 관련된 게임의 유형은 매우 삭막해서 대부분의 플레이어는 즐기기 어렵습니다.

퀸스 갬빗의 주요 변형 중 일부를 살펴 보았습니다. 다시금 일반적인 플레이어들이 고려해야 할 점은 전개에서의 일반적 형태입니다. 지금쯤이면 오프닝에서 동작이 이루어지는 순서의 중요성이 매우 명백할 것입니다. 움직이는 순서가 바뀌면 변형이 변화되기 쉬우며, 이 변화는 치명적일 수 있습니다. 따라서 기물의 전개뿐만 아니라 아니라 올바른 순서로 꺼내는 것 또한 신경써야 합니다. 전문가는 종종 첫 수부터 자신이 하고 싶은 오프닝의 종류를 계획합니다. 다른 때에는 그에 대해 좀 더 무관심하고 몇 가지 유형 중 하나를 얻는 정도로 만족하기도 합니다. 리더급 선수들은 일단 오프닝 단계를 통과하면, 전투의 일반적인 형태를 계획할 것입니다. 이 계획을 세울 때 그들은 항상 해야 할 게임의 종류를 고려합니다. 물론 이 계획은 전투의 전개 방식에 따라 변화할 수 있을 정도로 견고하면서도 유연해야 합니다. 보통의 플레이어들은 그에 대한 충분한 비전이나 지식이 없기 때문에 그게 가능하리라 기대하기 어렵습니다. 그러나 언제나 같은 맥락에서 문제에 접근할 수는 있습니다. 주의 집중과 체계성, 그리고 일반 원칙의 적용을 통해, 적어도 부분적으로는 자신의 부족함을 보충할 수 있는 법입니다.

이제 백의 첫 수인 1 d4에 대한 불규칙한 형태의 방어에서 발생하는 몇 가지 변형을 살펴봅시다.

1	d4	Nf6
2	c4	e6
3	Nc3	Bb4

백은 지금 다양한 수를 선택할 수 있지만 사용되는 것은 보통 4 Qb3와 4 Qc2입니다. 후자는 오프닝을 퀸스 갬빗의 일종으로 전환하는 걸 목표로 하며, 전자는 게임을 완전히 다른 국면이 되게끔 강제합니다. 먼저 Qb3를 살펴보겠습니다.

4	Qb3	c5
5	dxc5	Nc6
6	Nf3	Ne4
7	Bd2	Nxc5

흑의 이 나이트는 본격적인 전개가 이뤄지기 전까지 세 번이나 이동했습니다. 이는 원칙적으로 잘못이지만, 이것이 시간 요소가 그리 중요하지 않은 닫힌 게임이라는 점을 기억해야 합니다. 또한 흑은 멀리 떨어졌어야 하는 백 퀸을 마지막 수로 공격함으로써 시간을 되찾습니다.

8	Qc2	0-0
9	a3	Bxc3
10	Bxc3	a5
11	g3	Qe7
12	Bg2	e5
13	0-0	a4

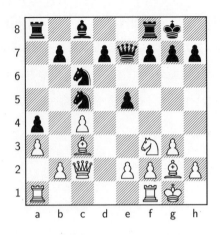

백은 두 개의 비숍과 단단한 포지션을 가지고 있습니다. 흑이 받은 보상은 c5에 강력하게 배치된 나이트입니다. 모든 것을 고려할 때 포지션은 백에게 약간 유리해 보이지만, 아마도 승리할 만큼 충분히 유리하지는 않을 것입니다. 이 변형은 백이 승리한 G. 스톨베리Gideon Ståhlberg-님초비치 경기에서 가져왔습니다. 님초비치는 이런 종류의 방어에 특화되어 있기 때문에, 이 변형에서 흑은 더할 나위가 없다고 여겨집니다.

이제 **4 Qc2**로 시작하는 다른 변형들을 살펴보겠습니다.

1	d4	Nf6
2	c4	e6
3	Nc3	Bb4
4	Qc2	d5

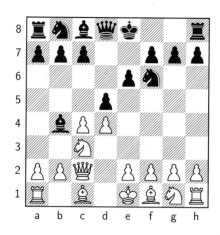

백은 이제 몇 가지 수를 선택할 수 있습니다. 그 중 e3, Bd2, Nf3, cxd5의 네 가지를 살펴봅시다.

5	e3	c5
6	cxd5	exd5
7	dxc5	Nc6
8	Nf3	0-0

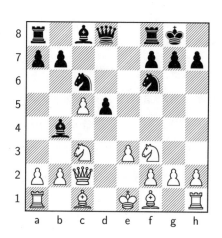

흑에게는 매우 만족스러운 게임입니다. 그는 고립된 폰을 갖고 있지만, 전개에서는 앞서 있습니다. 백의 다섯 번째 수 e3는 자신의 퀸스 비숍을 차단합니다. 그런 유형의 움직임은 매우 강력한 이유가 없는 한 좋을 수가 없습니다. 여기서는 그렇게 할 이유가 없으므로, e3는 열등하다고 간주되어야 합니다.

1	d4	Nf6
2	c4	e6
3	Nc3	Bb4
4	Qc2	d5
5	Nf3	dxc4
6	Bd2	c6

흑이 폰을 유지하고 싶다면 6...c6가 최선입니다. 백은 이제 두 가지 다른 방법으로 유리한 게임을 얻을 수 있습니다. 즉 g3에 이어 Bg2로 흑이 나머지 폰을 유지하는 걸 어렵게 만들 수 있습니다. 왜냐하면 그는 c4에 있는 폰을 지키기 위해 b파일 폰을 b5로 전진시켜야만 하기 때문입니다. 그리고 g2의 백 비숍은 긴 대각선을 따라 매우 큰 압력을 가할 것입니다. 백은 또한 다음과 같이 둘 수도 있습니다. 7 e4 b5 8 Be2 이어서 킹사이드 캐슬링이 이뤄지면 백은 폰 교환을 통해 매우 강력한 게임을 갖게 될 것입니다. 그러나 흑은 폰을 유지하지 않음으로써 이 모든 복잡성들을 피할 수 있습니다. 6수에서 그는 ...c6 대신 ...c5를 둬서 다음과 같은 수순을 가질 수 있습니다. 7 e3 a6 8 dxc5

Bxc5 9 Bxc4 0-0.

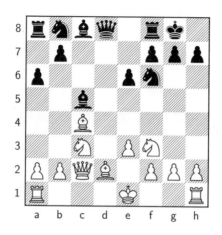

　백은 전개에서 약간 앞서지만, 흑은 완전히 전개될 때까지 영역을 잃지 않고 기물을 점진적으로 내놓을 수 있습니다.

　다섯 번째 수로 돌아가서 백이 5 Bd2를 두고 흑이 폰을 잡았다고 가정해 봅시다. 백은 6 Nf3를 둘 수 있고 분명 이미 검토한 포지션들 중 하나를 갖게 될 수 있습니다. 만약 백이 6 Nf3 대신에 6 e3를 둔다면 흑은 c파일 폰을 유지하려 노력하거나 ...c5 전개를 위한 플레이를 고를 수 있습니다. 이 경우 위 다이어그램과 동일한 포지션에 도달하게 됩니다. 만약 흑이 남은 폰을 방어하기로 선택한다면 그는 힘든 게임에 빠질 수도 있습니다. 그러나, 어떤 식으로든 흑이 다소 만족스러운 게임을 얻을 수 있다는 사실은 백이 진행한 수가 최선이 아니었다는 증거로 충분합니다. 이제 우리가 검토하지 않은 한 가지 수, 즉 5 cxd5 가 남았습니다. 이 수는 일반적인 전개 이론에 더 부합합니다. 흑 퀸스 비숍을 바로 풀어 주는 단점이 있지만, 백이 흔히 퀸스 갬빗의 변형으로 알려진 b4의 킹스 비숍을 보유하게 된다는 사실은 해방시킨 흑 퀸스 비숍에 대한 보상이 될 것입니다.

아마도 이러한 형태의 방어에 대항하는 백에게 있어 최선의 시스템인 이 마지막 변형을 더 잘 이해하기 위해서 일단 여기서 멈춰서, 우리가 연구해야 할 것과 매우 유사한 포지션을 초래하는 퀸스 갬빗의 많은 변형들 중 하나를 살펴보는 게 좋겠습니다.

1	d4	d5
2	c4	e6
3	Nc3	Nf6
4	Bg5	Be7
5	e3	Nbd7
6	Nf3	0-0
7	Rc1	a6

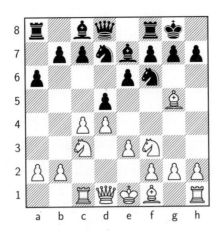

7...a6는 스위스의 W. 헤네베르거Walter Henneberger에

의해 소개되었습니다. 이는 전개를 위한 시간을 얻으려는 매우 좋은 계획을 포함합니다. 순수하게 방어적인 ...c6 대신, 주도권을 잡기 위해 전술의 급격한 변화를 목표로 하는 수입니다. 아이디어는 ...dxc4에 이어 ...b5와 ...Bb7, 그리고 마지막으로 ...c5를 둬서 백의 중앙을 상대로 시위를 하는 동시에 모든 흑 기물을 움직이는 것입니다. 이는 훌륭한 발상이고 한동안 성공적인 것으로 증명되었습니다. 경험에 따르면 백은 8 c5를 성공적으로 둘 수 없었고, 그럼으로써 나온 전형적인 전개 라인에 대해 ...dxc4, ...b5 등등의 기동이 완벽하게 작동했습니다. 이 변형은 제가 전체 시스템을 실질적으로 완성하는 매우 간단한 계획을 진화시킬 때까지 맞서며 몇 번 플레이되었습니다. 그 계획은 백이 지금 바로 8 cxd5를 두는 것으로 구성되었습니다. 물론 흑은 폰을 다시 잡았고, ...c6는 나중에 둬야 했습니다. 그럼으로써 흑은 템포를 따는 대신 ...c6와 ...a6를 모두 사용했기 때문에 한 템포를 잃었습니다. 이것은 이미 명백해진 바와 같이, 닫힌 오프닝에서는 그리 중요하지 않습니다. 그러나 이 기동의 결과로 242쪽 다이어그램의 폰 포지션에 도달했습니다.

이 폰 대형은 전문가뿐만 아니라 일반 플레이어에게도 매우 흥미롭고 많은 연구 가치가 있습니다(두 킹 모두 킹사이드 캐슬링을 했음을 명심해야 합니다). 상식적으로 세력이 우세한 사이드에서 움직여야 하지만 여기서는 상황이 다릅니다. 킹들 때문에 킹사이드에서의 전진은 매우 위험할 것입니다. 그러므로 전진이 일어나는 곳은 퀸사이드이며, 전진을 하는 것은 백입니다. 흑이 전진을 시도하면 폰 포지션을 약화시킬 뿐입니다. ...c5

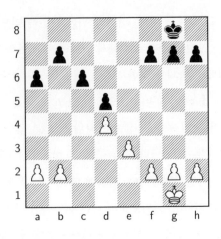

는 그에게 고립된 d파일 폰을 남길 것이고, 다른 전진은 더 나쁠 것입니다. 그러는 동안 백은 두 개의 폰을 a4와 b4로 전진시킬 것입니다. 여기서 백이 주의해야 할 한 가지는 c4 칸에 흑이 나이트를 배치하지 않도록 제어하는 것입니다. 백은 폰들을 a4와 b4로 전진시킨 후 적절한 시기를 기다렸다가 b5로 전진시킵니다. 그러면 무슨 일이 일어날까요? 만약 폰들이 b5에서 교환된다면 흑은 고립된 뒤쳐진 b파일 폰과 고립된 d파일 폰을 갖게 될 것입니다. 그런 두 개의 폰이 방어하는 상황은 확실히 좋지 않습니다. 따라서 배제되어야 합니다. 일반적으로 발생하는 일은 다음과 같습니다. 먼저 흑의 ...axb5를 통해 b5에서 교환, 물론 백이 다시 잡고, 흑은 c6에서의 교환을 위해 백을 기다립니다. 결과는 다소 방어하기 어려운, 뒤쳐지고 허약한 c6의 흑폰이 될 것입니다.

이러한 포지션에서 또 다른 매우 중요한 점은 결과로서 발생하는 엔딩에서 백에게 흑의 퀸스 비숍에 대응하는 킹스 비숍이 남아있다는 사실이며, 이러한 조건에서는 d5와 c6의 흑 폰 포지션은 전략적으로 잘못되었습니다. 왜냐하면 흑은 이 폰들을 자신의 비숍과 같은 색 칸으로 갖고 있는 반면 백 폰들은 사실상 자신의 비숍과 반대 색 칸으로 갖고 있기 때문입니다. 마땅히 후자가 유리합니다. 결과적으로 엔딩에서 백 비숍은 흑 폰을 공격할 수 있지만 흑 비숍은 그에 보답할 수 없을 것입니다. 이러한 모든 고려 사항들 때문에 백은 이론적으로 유리합니다. 여기에 이러한 오프닝에서 백은 포지션의 견고함 덕분에 약간의 시간을 얻을 수 있기에, 논리적으로도 백이 유리할 수밖에 없다는 사실을 추가합니다.

킹사이드 포지션에서는 물론 입장이 뒤바뀌지만, 양쪽의 킹들이 그곳에 있고 경호가 필요하다는 사실은 흑으로 하여금 백 퀸사이드와 비슷한 정책의 채택을 불가능하게 만듭니다.

관련된 많은 원칙들과 독자에게 체스의 수준 높은 전략에 대한 통찰력을 주기 위해 의도적으로 위 포지션을 택했습니다. 이제 237쪽 첫 번째 다이어그램으로 돌아가서 **5 cxd5** 이후에 무슨 일이 일어나는지 살펴봅시다.

5	cxd5	exd5
6	Bg5	

앞서 연구와 유사한 폰 대형의 가능성이 분명합니다. 흑이 캐슬링하면 백은 **e3**를 두고 이어서 **Bd3**와 **Nf3**(또는 **Ne2**)와 **0-0**을 둡니다. 그러면 흑은 조만간 ...c6를 둬야 할 것이고, 앞

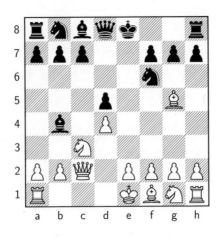

서 검토했던 것과 매우 유사한 상황을 겪게 될 것입니다. 흑은 6...Qd6를 둬서 나이트를 해방시키고 게임을 다른 국면으로 바꾸려 하지만 백이 e3로 응수하면 흑은 언젠가 ...c6를 두는 걸 피하기가 다소 어려울 겁니다. 물론, 이것이 ...c6가 모든 상황에서 흑에게 패배 포지션을 가져다준다는 걸 의미하지는 않습니다. 하지만 백이 이러한 전개 시스템을 통해 선수를 두는 플레이어에게 유리한 포지션을 강요할 수 있음을 유념해야 합니다. 이러한 류의 변형들에 대해 더 이상 판단을 미룰 이유가 없습니다. 중요한 것은 문제의 일반적인 측면입니다. 즉 독자성과 기술적인 면보다 일반적인 라인이 더 중요합니다. 독자는 이런 변형에서 오프닝, 미들게임 및 엔드게임 간의 밀접한 관계를 잘 이해해야 합니다. 오프닝은 불확실한 게임에서 발생할 수 있는 엔딩에 결과적인 영향을 미치기에 전문가는 오프닝에서의 수를 신중히 결정합니다. 이 장을 마치면서 독자들이 우세한 게임을 하는 데 필요한 모든 정보를 얻었길 바랍니다.

일반 이론의 총합

체스 게임을 오프닝, 미들게임, 엔드게임의 세 부분으로 나눠서 전체적으로 볼 때, 염두에 두어야 할 것은 전체적인 구성 요소들 간의 긴밀한 상호관계입니다. 엔드게임이 마지막 부분인 것은 확실하지만, 거기서 발생할 수 있는 엔딩을 고려하지 않고는 어떤 미들게임 포지션도 고려되어서는 안 됩니다. 같은 방식으로 오프닝도 그 자체만 고려되어서는 안 되며, 오프닝에서 발생할 수 있는 미들게임 및 엔드게임과 항상 연관지어야 합니다.

체스가 순수하게 과학적인 연구로 여겨진다면, 미들게임을 시작하기 전에 엔딩을 철저히 연구하고 이해해야 합니다. 마찬가지로 미들게임에 대한 완전한 연구와 지식이 오프닝에 대한 연구에 선행되어야 합니다. 체스를 예술적 또는 과학적 성질의 지적 오락으로 간주하면, 문제는 달라집니다. 그러나 게임을 하는 사람들의 대다수는 대부분 콤비네이션과 킹에 대한 직접 공격에 관심이 있습니다. 놀이를 위해서는 상상력이 필요한 만큼 그런 관심은 장려되어야 합니다. 플레이어는 실력이 향상됨에 따라 자연스레 다른 것들에 관심을 갖기 시작하고 게임의 다른 측면들이 더 중요해질 것입니다. 그러나 처음 시작할 때부터 다소의 체계성을 추구한다고 해도 잘못되지는 않을 것이고 일반 원칙의 적용은 언제든 도움이 되면 됐지 게임의 흥미를 떨어뜨리지는 않을 것입니다.

독자의 이익과 편의를 위해 게임의 다양한 단계에 관련된 일반 원칙들 중 일부를 간략하게 요약하면 다음과 같습니다.

오프닝

1. 영구적인 약점을 피하는 빠르고 견고한 전개를 해야 한다. 따라서 당신의 전개를 통해 상대에게 그러한 약점을 만들도록 유도한다면 훨씬 더 좋을 것이다. 전개는 폰의 즉각적인 포획 또는 기물의 장거리 기동을 통한 중앙의 통제를 목표로 해야 한다.
2. 완전한 전개가 이루어지기 전에 같은 기물을 두 번 이동시키지 말라.
3. 확고한 보상이 없는 자산 손실을 방지하라.

미들게임

1. 기물들의 동작을 조직화하라.
2. 킹에 대한 성공적인 공격을 위해서는 중앙의 통제가 필수적이다.
3. 킹에 대한 직접적인 맹공은 성공을 보장하기 위해 집단적으로, 전력을 다해야 한다. 대립은 어떤 대가를 치르더라도 극복해야 한다. 이때 공격의 중단은 보통 패배를 의미하기 때문에 중단하면 안 된다.
4. 다른 요소들이 동등하다면, 물질적 이득은 아무리 작더라도 성공을 의미한다,
5. 포지션이 먼저고 물질은 그 다음이다. 공간과 시간은 포지션의 보완 요소다.

6. 만약 게임이 결착을 위한 엔딩으로 가게 된다면, 기물을 교환하기 전에 다가올 엔딩의 종류를 고려하라.

엔딩

1. 시간은 엔딩에서 중요도가 높아진다.
2. 두 개의 비숍이 두 개의 나이트보다 낫다.
3. 보통 비숍이 나이트보다 낫지만 항상 그렇지는 않다.
4. 일반적으로 룩-비숍이 룩-나이트보다 낫다.
5. 퀸-나이트는 일반적으로 퀸-비숍보다 낫다.
6. 폰은 나란히 줄을 설 때 가장 힘이 세다.
7. 상대가 비숍을 가지고 있을 때는 일반적으로 폰을 상대 비숍과 같은 색상의 칸에 배치하는 것이 좋다. 상대가 비숍을 가지고 있든 없든 간에, 당신의 폰은 자신의 비숍과 반대 색 칸을 유지하라.
8. 오프닝과 미들게임 동안 순수하게 방어적인 기물인 킹은 종종 엔딩에서 공격적인 기물이 된다. 많은 엔딩에서 킹은 결정적인 요소다.
9. 한두 개의 작은 기물로 이뤄지는 엔딩에서 일반적으로 킹은 체스보드의 중앙을 향해 앞으로 진격해야 한다. 킹-폰의 엔딩은 거의 항상 그래야 한다.

이 책에 없는 일반 원칙은 체스의 모든 일반 원칙이 명확하고 간결하게 설명되는 『체스의 기본』에서 찾을 수 있습니다.

1800년경 러시아에서 제작된 체스 세트 ⓒ필라델피아미술관

PART 03
이론의 실제
Illustrative Games

3부는 초급자를 위한 내용이 아닙니다. 그러나 연구생이 책의 이 부분에 도달했을 때쯤이면 그는 평균적인 수준을 가진 플레이어가 되었을 테고, 평균적인 플레이어는 리더급 선수들의 방법과 그 방법에 대한 면밀한 연구로부터 많은 이득을 얻을 수 있습니다. 3부의 게임 선정은 지난 13년간 저자가 치른 최고의 경기들로 뽑았습니다. 세계 선두급 선수들과의 경기만 골랐습니다. 따라서 매우 실제적인 게임들의 모음입니다.

지금까지의 체스 역사상 열다섯 명 이상의 일류 마스터들이 있었던 적은 없으며, 대부분 열 명 또는 열두 명이 체스의 핵심에 가까웠다고 언급될 수 있습니다. 1900년 이전에는 그러한 선수 그룹에 여섯 명 이상의 이름이 적히지 않았던 적도 있었지만, 지난 30년 동안은 이 그룹으로 분류될 권리를 가진 선수가 최소 열 명 이상은 항상 존재했습니다. 심지어 이 선택된 그룹 안에도 다른 선수들 위에 서 있는 두세 명이 언제나 있었습니다.

3부의 게임들을 검토하면서 연구생들은 해설을 통해 이 책에 설명된 이론과 원칙의 지속적인 적용을 인식해야 합니다. 지난 몇 년 동안 하이퍼모던학파(리하르트 레티, 아론 님초비치 등이 기존 체스 이론의 대안으로 추구한 이론)에 대해 많은 글이 쓰여졌습니다. 오프닝에서는, 소위 하이퍼모던학파의 일부 전술은 과거의 전술과 다소 다릅니다. 그러나 전략적 원칙은 같습니다. 기본 전략 원칙은 결코 변하지 않지만, 그 적용 방식은 언제나 동일하지는 않을 수도 있는 법입니다.

이제 게임과 설명을 검토할 독자가 즐거움과 이득을 얻을 수 있길 바라는 희망 외에는 더 이상 덧붙일 말은 없습니다.

1. 퀸스 갬빗 거절 *Queen's Gambit Declined*

(1921년 아바나 세계체스챔피언 결정전, 열 번째 경기)

백: E. 라스커   흑: J. R. 카파블랑카

1	d4	d5
2	c4	e6
3	Nc3	Nf6
4	Bg5	Be7
5	e3	0-0
6	Nf3	Nbd7
7	Qc2	

7 Qc2는 7 Rc1보다 열등하다고 간주됩니다. 아마도 백은 더 잘 알려진 경로에서 벗어나려고 뒀을 것입니다.

7	...	c5

이 수는 7 Qc2에 대한 최선의 응수일 것입니다.

8	Rd1	Qa5
9	Bd3	h6

흑은 백 비숍의 라인에서 자신의 폰을 치우며 전개 시간을 확

보하려 합니다. 여기서 백은 Bxh7+를 위협하고 있었습니다.

10	Bh4	cxd4
11	exd4	dxc4
12	Bxc4	Nb6
13	Bb3	Bd7
14	0-0	Rac8
15	Ne5	

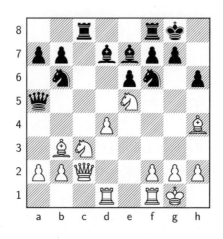

흑은 훌륭한 전개를 얻었습니다. 이제 그는 e7에 있는 자신의 비숍으로 h4에 있는 백 비숍과 교환하거나 d5에 기물을 놓아 포지션을 어느 정도 단순화할 수 있는 교환을 가져올 방법을 찾아야 합니다. 이 모든 것은 d4의 백 폰이 움직이지 않는 상태에서 이루어져야 합니다. 백의 약점은 이 고립된 d파일 폰입니다. 반면에 흑 e6 폰의 중앙에서 떨어진 포지션과 비교하면 백 d4 폰의 중앙 포지션은 백에게 더 많은 공간을 제공하고 결과적으

로 더 자유로운 기동을 가능하게 합니다.

15   ...   Bb5

이것은 흑에게 많은 고난을 줄 수 있는 취약한 수입니다. 흑은
전체 포지션의 중심축으로서의 **...Nbd5**를 두기 위해 시간을 벌
고 싶었습니다. 그러나 곧 보게 되겠지만 이는 잘못된 생각이었
습니다. 간단하고 논리적인 **15...Bc6**로 **...Bd5**를 두겠다고 위
협했으면 흑은 훌륭한 게임을 할 수 있었을 것입니다.

16   Rfe1   Nbd5

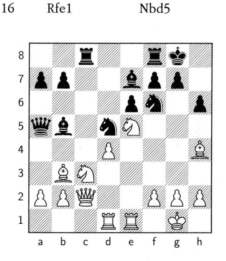

언뜻 보면 흑이 더 나은 포지션에 있는 듯합니다. 그러나 사실
그렇지 않습니다. 백은 **17 Bxf6 Bxf6**(17...Nxf6는 안 되는데
왜냐하면 **18 Ng6** 때문입니다. 이는 백이 **18...fxg6 19 Rxe6**
후에 기물을 되찾고 이기는 게임을 얻을 수 있게 합니다) 18

Bxd5 exd5 19 Qf5로 흑을 방어하기 매우 어려운 게임에 빠뜨립니다.

17	Bxd5	Nxd5
18	Bxe7	Nxe7
19	Qb3	Bc6

이 흑 비숍은 자신의 원래 칸으로 돌아가야 합니다. 19...Bc6는 그 자체가 자신의 15수에 대한 비난입니다.

20	Nxc6	bxc6

전장의 연기가 걷힌 후, 포지션은 흑에게 약간 유리해졌습니다. 흑이 두 개의 고립된 폰을 가지고 있지만, 기물 포지션 덕분에 흑 폰은 백의 고립된 d파일 폰보다 공격을 덜 받습니다.

21	Re5	Qb6
22	Qc2	Rfd8
23	Ne2	

백의 대안은 23 Na4일 것입니다. 그러나 그는 자신의 d파일 폰의 안전을 위태롭게 하고 싶지 않습니다. 따라서 그는 나이트를 d파일 폰을 위한 최상의 방어 포지션에 두는 텍스트 무브를 채택합니다.

23	...	Rd5
24	Rxd5	cxd5

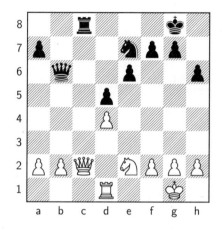

흑은 포지션을 공고히 했습니다. 그는 오픈 파일을 갖고 있고, 기물들은 매우 잘 배치되어 있으며, 유일한 약점인 고립된 a파일 폰은 기물들의 종합적인 상황 덕분에 공격받지 않습니다. 문제는, 흑이 이 모든 요소들의 혜택을 어떻게 얻을 수 있느냐는 것입니다. 지금부터 연구생은 마지막까지 모든 동작을 주의 깊게 연구하는 것이 좋습니다. 이것은 흑의 전체 경력에서 최고의 성과들 중 하나이며, 세계에서 가장 강한 선수들 중 한 명을 상대로 이룬 일입니다.

25	Qd2	Nf5

25...Nf5는 백의 두 기물을 d파일 폰의 방어에 묶고 Rc1을 방지합니다.

26	b3	h5

26...h5는 백의 g4를 방지하기 위해서이며 백은 f5의 흑 나이트를 절대 쫓아내지 못하게 됩니다.

27	h3	h4

이로써 흑 f5 나이트의 입지는 더욱 탄탄해졌습니다. 백이 이 나이트를 쫓아내려면 자신의 킹사이드를 방해하는 g4를 둬야 할 겁니다.

28	Qd3	Rc6

a6 칸을 지키기 위해 백 퀸은 흑의 포지션을 파고들지 않고 흑 퀸이 b4로 갈 수 있도록 허용했습니다.

29	Kf1	g6

29...g6는 백이 시간을 날리는 일 외에는 아무것도 할 수 없기 때문입니다. 자신의 마음대로 동작할 수 있는 시간을 가진 흑은 전진하기 전에 포지션을 준비합니다.

30	Qb1	Qb4
31	Kg1	a5

32	Qb2	a4

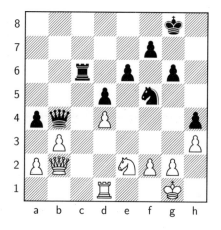

흑은 퀸사이드에서의 전진으로 유일한 약점인 고립된 a파일 폰을 제거할 뿐만 아니라 백에게 새로운 약점을 만들어 냅니다. 백은 곧 자신의 d파일 폰 외에 또 다른 고립된 폰을 갖게 될 것이기 때문입니다. 흑의 텍스트 무브는 ...Rb6로 백 폰을 잡겠다고 위협합니다.

33	Qd2	

백은 퀸들을 교환하기로 결정함으로써, 무승부 기회를 늘리기를 희망합니다.

33	...	Qxd2
34	Rxd2	axb3
35	axb3	Rb6

36		Rd3

36 Rd3는 강제입니다. 만약 36 Rb2면 36...Rb4로 폰이 잡히기 때문입니다.

36	...	Ra6
37	g4	

보드에 퀸들이 없다면 킹사이드에서의 훼방은 흑에게 그리 위험하지 않습니다. 게다가 백은 킹에게 숨 쉴 공간을 주어야 합니다.

37	...	hxg3 e.p.
38	fxg3	Ra2
39	Nc3	Rc2
40	Nd1	Ne7

이제 흑 나이트는 취약한 고립된 두 백 폰들 중 하나를 잡기 위해 반대 사이드로 옵니다. 백은 b4로 폰을 진출시킬 수 없습니다. 왜냐하면 ...Rc1에 이어지는 ...Rb1 때문입니다.

41	Ne3	Rc1+
42	Kf2	Nc6
43	Nd1	Rb1

매우 유혹적인 **43...Nb4**는 실제로는 그리 좋지 않을 것입니다. 그러면 예를 들어 **44 Rd2 Rb1 45 Nb2 Rxb2 46 Rxb2 Nd3+ 47 Ke2 Nxb2 48 Kd2**로 무승부가 나옵니다.

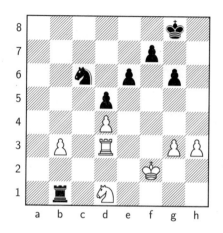

백은 자신의 b파일 폰을 구할 방법이 없습니다. 그러므로 백의 다음 수는 치명적 실수가 아닙니다. 그는 여기서 **44 Ke1 Na5 45 Kd2 Rxb3 46 Rxb3 Nxb3+**를 둘 수도 있습니다. 그럼 다소 어렵지만, 그럼에도 불구하고 흑이 이기는 나이트 엔딩이 나왔을 겁니다.

| 44 | Ke2 | Rxb3 |
| 45 | Ke3 | Rb4 |

흑은 좀 더 단순한 나이트 엔딩보다는 선택의 여지가 있는 이 엔딩을 선호합니다.

46	Nc3	Ne7
47	Ne2	Nf5+
48	Kf2	g5
49	g4	Nd6
50	Ng1	Ne4+
51	Kf1	Rb1+
52	Kg2	Rb2+
53	Kf1	Rf2+
54	Ke1	Ra2

흑 룩의 이 모든 수들은 이 특정한 포지션을 얻기 위한 목적을
갖고 있었습니다.

55	Kf1	Kg7

마지막 몇 수의 결과로 백 기물은 사실상 묶였습니다. 흑 킹은
이제 천천히 가고 싶은 곳에 도착할 수 있습니다.

56	Re3	Kg6
57	Rd3	f6
58	Re3	Kf7
59	Rd3	Ke7
60	Re3	Kd6
61	Rd3	Rf2+

이번에도 흑 룩의 동작은 확실한 목표를 갖고 있는데, 그것은 앞서와 동일한 포지션을 가지지만 백 룩을 e3에 둬서 폰들의 전진을 용이하게 하는 것입니다. 물론 흑은 이러한 수들이 없었어도 이길 수 있었지만, 더 오래 걸렸을 겁니다.

62	Ke1	Rg2
63	Kf1	Ra2
64	Re3	e5
65	Rd3	exd4
66	Rxd4	Kc5
67	Rd1	d4
68	Rc1+	Kd5
	백 기권	

2. 퀸스 갬빗 거절 *Queen's Gambit Declined*

(1921년 아바나 세계체스챔피언 결정전, 열한 번째 경기)

백: J. R. 카파블랑카   흑: E. 라스커

1	d4	d5
2	Nf3	e6
3	c4	Nf6
4	Bg5	Nbd7
5	e3	Be7
6	Nc3	0-0
7	Rc1	Re8

7...Re8는 현재로서는 7...c6보다 열등하다고 간주됩니다.

8	Qc2	c6
9	Bd3	dxc4
10	Bxc4	Nd5
11	Bxe7	Rxe7

11...Rxe7은 아마도 7...Re8에 숨겨진 아이디어였을 것입니다. 흑의 전개는 자신이 보유한 매우 많은 종류의 게임들을 구사할 계획임을 분명히 보여 줍니다. 그 모든 것이 슈타이니츠를 떠올리게 합니다.

12	0-0	Nf8
13	Rfd1	Bd7
14	e4	Nb6
15	Bf1	Rc8
16	b4	Be8

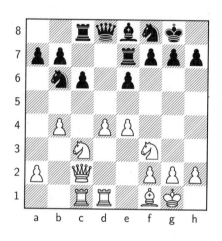

흑의 수비 포지션은 성격 면에서 슈타이니츠적으로, 대부분의 기물들이 마지막 두 줄에 모여 있습니다. 흑의 게임에는 약점이 없지만, 포지션에는 그의 기물들이 기동할 공간이 부족합니다. 따라서 백의 정책은 흑 기물들을 제한된 영역 내에 유지시키는 것이어야 합니다. 그래야 조만간 흑이 기물을 자유롭게 하기 위해 자신의 구조를 약화시키는 조치를 취할 수 있습니다. 백은 또한 어두운 칸 c5와 d6가 손쉽게 보호되지 않는다는 사실을 이용하여 나이트를 그 칸들에 배치시키려 할 수도 있습니다. 백이 나이트를 d6에 배치하기 위해서는 먼저 e5를 해야 합니다. 이 전진은 d4에 뒤쳐진 d파일 폰을 확립한다는 영구적인 약점의

생성을 염두에 두고 적절한 시기에 이루어져야 합니다. 그것은 또한 d5에 흑 기물, 특히 나이트가 강력하게 배치될 수 있는 구멍을 만듭니다. 다이어그램의 포지션에서 백은 또한 ...f6를 경계해야 하는데, 이는 흑 비숍이 h5로 갈 수 있게 하여 f3 나이트에 핀을 걸고 d4 백 폰에 대한 압력을 간접적으로 증가시킬 것입니다.

17	Qb3	Rec7
18	a4	

18 a4는 흑 나이트를 몰아내기 위해, 그럼으로써 흑 기물들이 서로 몰려들도록 하기 위해서입니다.

18	...	Ng6
19	a5	Nd7
20	e5	b6

백이 d6 칸을 절대적으로 장악하고 있기에 흑은 결국 c파일 폰을 c5로 전진시킬 준비를 합니다. 흑의 포지션이 매우 답답한 게 분명하지만, 백에게 확실한 이점을 얻는 방법을 알아내기도 쉽지 않습니다.

21	Ne4	Rb8

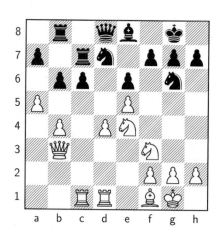

포지션이 매우 흥미롭습니다. 하지만 백은 어떻게 해야 할까요? 지금 가장 좋은 수는 아마도 22 a6에서 이어지는 **Nd6**가 될 것입니다. 하지만 그것은 또한 단순히 흑이 ...Rb8를 두기 전에 먼저 ...bxa5를 둬야 했음을 의미합니다. 이 모든 것을 보상하는 유일한 수는 Qa3였습니다. 그러나 백은 그 수를 만들지 못했고 그 결과 흑은 이 포지션에서 꽤 잘 빠져나왔습니다.

22	Qc3	Nf4

백의 마지막 수의 결과, 흑 나이트는 한 템포로 d5에 들어옵니다.

23	Nd6	Nd5
24	Qa3	f6
25	Nxe8	Qxe8

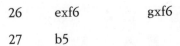

26	exf6	gxf6
27	b5	

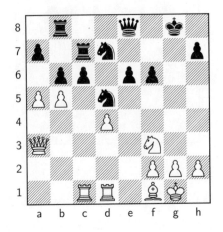

흑 킹의 노출된 포지션이 백의 공격을 유도하지만, 백은 공격에 들어가기 전에 가능한 한 모든 약점을 제거하기 위해 퀸사이드 폰을 정리해야 합니다. 그 두 개의 폰들이 교환되면 백은 다른 사이드에서 걱정 없이 흑 킹에 대한 공격에 집중할 수 있습니다.

27	...	Rbc8

흑의 다음 몇 수들은 사실상 강제적입니다. 여기선 예를 들어, 27...c5를 두면 28 axb6 axb6 29 Bc4로 흑은 포지션을 유지할 수 없게 됩니다.

28	bxc6	Rxc6

29	Rxc6	Rxc6
30	axb6	axb6

이 모든 교환 끝에, 흑이 자신의 노출된 킹 상태로 얻은 유일한 보상은 통과한 b파일 폰입니다. 하지만 백 비숍이 그 전진을 막습니다.

31	Re1	

백으로선 아마도 먼저 Bb5를 두는 게 흑 룩을 c7으로 되돌리는, 게임을 이어가는 더 나은 방법이었습니다.

31	...	Qc8
32	Nd2	Nf8

32...Rc3는 안 됩니다. 왜냐하면 33 Qa1 때문입니다.

33	Ne4	Qd8
34	h4	

이 포지션에는 눈에 보이는 이상의 것이 있습니다. 이것은 경기에서 결정적인 포인트입니다. 보아하니 그런 결정적인 포인트가 어느 쪽에도 많지는 않습니다. 하지만 흑이 경기를 살릴 수 있다면 이 시점에서 해야 합니다. 상황을 구할 수 있는 유일한

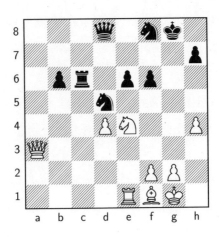

수는 34...h6일 가능성이 있습니다. 이 수는 ...f5로 나이트를 몰아내겠다고 위협할 수 있습니다. 34...f5는 35 Bb5 Rc7 36 Ng5 Re7 37 Bc4로 흑이 구원할 수 없게 되기에 바로 둘 수 없습니다. 상황이 매우 흥미로워서 연구하면 보답할 것입니다.

34　　...　　Rc7

충분히 자연스러운 수지만, 흑은 이제부터 길을 잃어버린 것처럼 보일 것입니다.

35　　Qb3　　Rg7

백은 Bc4에 이어 Bxd5와 Qxd5+를 위협합니다. 흑의 텍스트 무브는 백이 g3를 두도록 유도하기 위해 이루어지며, 그럼으로써 백 퀸이 움직일 공간을 빼앗고, 아니면 보드의 한쪽에서 다른 쪽으로 돌아다니면서 계속 체크를 위협할 수 있습니다.

36	g3	Ra7
37	Bc4	Ra5
38	Nc3	Nxc3

38...Nxc3는 강제였습니다. 이제 이 나이트가 d5에서 사라진 만큼 흑 포지션의 위험성은 더욱 분명해졌습니다.

39	Qxc3	Kf7
40	Qe3	Qd6
41	Qe4	Ra4
42	Qb7+	Kg6
43	Qc8	Qb4
44	Rc1	

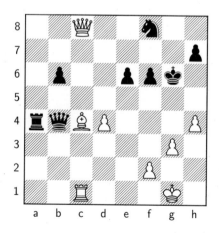

이 포지션에서 흑은 ...Qe7을 뒀고 4수 후 모든 것이 끝났습니다. 하지만 흑이 어떻게 했든, 끝은 바짝 다가왔습니다. 예를 들어 44...Qa3(아마도 최선)를 두면 45 Bd3+ f5(최선. 45...Qxd3는 안 되는데 46 Qe8+로 룩이 잡히고, 45...Kh6도 안 되는데 46 Rc7과 Qxf8+에 이어 Rxh7#를 위협할 수 있기 때문입니다) 46 Qe8+ Kh6 47 Re1 Ra8 48 Rxe6+ Nxe6 49 Qxe6+ Kg7 50 Qe5+로 몇 수 안에 메이트가 됩니다.

44	...	Qe7
45	Bd3+	Kh6
46	Rc7	Ra1+
47	Kg2	Qd6
48	Qxf8+	기권

3. 퀸스 갬빗 거절 _queen's gambit declined_

(1922년 런던 인터내셔널 마스터스 토너먼트)

백: J. R. 카파블랑카   흑: M. 비드마르

1	d4	d5
2	Nf3	Nf6
3	c4	e6
4	Nc3	Be7
5	Bg5	Nbd7
6	e3	0-0
7	Rc1	c6
8	Qc2	

지금에 와선 8 Bd3가 매우 강력한 수로 간주됩니다.

8	...	dxc4
9	Bxc4	Nd5
10	Bxe7	Qxe7
11	0-0	b6

11...b6는 흑을 온갖 곤경에 빠뜨리는 나쁜 수입니다. 그 전에 ...Nxc3를 두는 게 필수입니다.

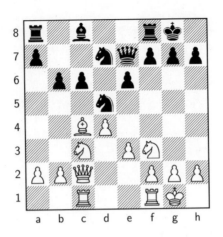

| 12 | Nxd5 | cxd5 |

 흑으로선 당연하게도 12...exd5는 안 됩니다. 13 Bd3로 폰이 잡히기 때문입니다.

| 13 | Bd3 | h6 |

 13...Nf6가 더 낫습니다. 그러나 흑은 이 수를 지연시켜 Ne5를 막길 원합니다.

| 14 | Qc7 | Qb4 |

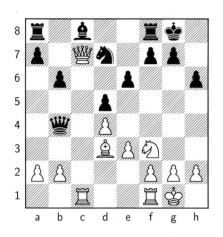

흑은 전개에서 너무 뒤쳐져 있어서 외로운 퀸과 함께하는 이 길은 실패할 수밖에 없습니다. 그의 생각은 백의 퀸사이드를 불안하게 만드는 것입니다. 물론 백이 b3를 둔다면 흑 퀸은 아름답게 배치될 것이고, Rc2를 둔다면 흑은 ...Nf6를 둬서 자신의 비숍이 나오게끔 시도할 수 있을 것입니다. 그러나 텍스트 무브는 백에게 힘으로 이기는 매우 훌륭한 콤비네이션을 만들 기회를 제공합니다.

15   a3   Qa4

만약 15...Qxb2면 16 Rb1 Qxa3 17 Bb5 Qe7(최선. 만약 17...Nf6면 18 Ra1 Qb4 19 Rfb1으로 흑 퀸은 갈 데가 없어집니다) 18 Bc6 Rb8 19 Ne5 Qd8 20 Qxa7 Nxe5 21 dxe5로 흑은 기물을 잃을 수밖에 없습니다.

16	h3	Nf6
17	Ne5	Bd7
18	Bc2	Qb5
19	a4	Qxb2
20	Nxd7	

20 Nxd7은 최선은 아닙니다. 20 Rb1이 기물을 따냈을 것입니다. 백은 이 수를 만들지 못해서 토너먼트의 가장 훌륭한 경기에 주어지는 특별상을 받을 절호의 기회를 놓쳤습니다.

20	...	Rac8
21	Qb7	Nxd7
22	Bh7+	Kxh7
23	Rxc8	Rxc8
24	Qxc8	Nf6

흑은 교환하려는 폰을 갖고 있습니다. 백은 이기기 위해선 룩을 게임에 참여시켜야만 합니다. 이는 나이트가 e4 자리를 유지하도록 주의하면서 이루어져야 합니다. 흑이 퀸들을 교환할 여유가 없기 때문에 가능한 일입니다.

25	Rc1	Qb4

백이 퀸들을 교환하는 Qc2+를 두겠다고 위협하였습니다.

26	Qc2+	Kg8
27	Qc6	Qa3

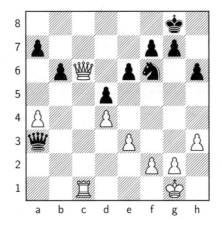

백은 이제 흑 킹을 뒤쫓을 준비가 되었습니다. 계속해서 메이트를 위협함으로써 당분간 흑 퀸과 나이트의 협력을 막을 수 있을 것입니다.

28	Qa8+	Kh7
29	Rc7	Qxa4

흑은 자신의 f파일 폰을 방어할 수 없습니다. 만약 **29...Kg6** 면 **30 Qxa7**으로 인해 흑 퀸은 f파일 폰을 방어하기 위해 f8로 후퇴해야 합니다. 이는 즉시 치명적입니다.

30	Rxf7	Qd1+
31	Kh2	Qh5

32	Qxa7	Qg6
33	Rf8	Qf5
34	Rf7	Qg6
35	Rb7	Ne4
36	Qa2	e5
37	Qxd5	exd4
38	Rb8	Nf6
39	Qxd4	Qf5
40	Rxb6	Qxf2
41	Qd3+	Kg8
42	Rb8+	기권

42...Kf7를 두면 43 Rb7+ Ke6(만약 43...Kg8면 44 Qg6)
44 Rxg7이 됩니다.

4, 루이 로페즈 *Ruy Lopez*

(1922년 런던 인터내셔널 마스터스 토너먼트)

백: J. R. 카파블랑카　　　흑: E. D. 보골주보프

1	e4	e5
2	Nf3	Nc6
3	Bb5	a6
4	Ba4	Nf6
5	0-0	Be7
6	Re1	b5
7	Bb3	d6
8	c3	0-0
9	d4	exd4

앞서 오프닝을 다룬 부분에서 9...exd4와 그 이후의 움직임은 흑이 이 변형을 두는 최선의 방법에 대한 보골주보프의 아이디어임을 이미 언급하였습니다(206쪽 참조).

10	cxd4	Bg4
11	Be3	Na5
12	Bc2	Nc4
13	Bc1	c5
14	b3	Na5

15	Bb2	Nc6
16	d5	Nb4

흑은 목적을 달성했습니다. 그것은 나이트와 백 비숍 중 하나와의 교환입니다. 이 오프닝은 앞서 오프닝 장에서 나온 것과 다른 과정을 거쳤습니다. 백이 그 장에서 추천한 것보다 약한 라인을 뒀기 때문입니다. 백은 이 변형을 처음 직면했고, 준비된 함정에 빠지지 않기 위해 다소 너무 조심스럽게 경기를 했습니다.

17	Nbd2	Nxc2
18	Qxc2	Re8

흑은 바로 18...Nd7을 두는 게 더 나았습니다.

19	Qd3

여기서 백은 흑의 퀸사이드 거주를 유지시키기 위해 바로 19 a4를 둬야 했습니다. 또는 흑이 c4에 나이트를 위한 구멍을 만드는 ...b4를 두게 해야 했습니다.

19	...	h6

흑은 실제 게임에서 수행한 계획과는 다른 계획을 염두에 두고 있었을 겁니다. 그렇지 않으면 이 수는 설명할 길이 없습니

다. 다시금, ...Nd7이 더 좋았습니다.

| 20 | Nf1 | Nd7 |
| 21 | h3 | |

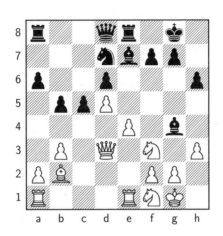

이것은 경기의 전환점입니다. 흑은 비숍으로 나이트를 잡고 ...Bf6를 둬야 했습니다. 그걸 하지 못한 게 패배의 원인입니다. 그는 백이 게임에서 채택한 대담한 코스를 따르리라 예상하지 못했을 수도 있습니다.

| 21 | ... | Bh5 |

지금부터 이 흑 비숍은 게임에서 사라집니다.

| 22 | N3d2 | Bf6 |
| 23 | Bxf6 | Qxf6 |

24	a4	c4

24...c4는 흑에게 통과한 폰을 주지만, 다른 한편으로는 백이 h5의 흑 비숍을 차단하려는 목적을 실행하는 데 도움이 됩니다.

25	bxc4	Nc5
26	Qe3	bxa4
27	f4	Qe7
28	g4	Bg6
29	f5	

흑 비숍은 이 게임에서 완전히 차단되었습니다. 지금부터 끝날 때까지 백은 마치 기물 하나가 더 우위인 양 경기를 할 것입니다. 백의 폰 대형은 역대급 최악이지만, 기물 하나를 더 가지고 둘 수 있는 것은 많은 원죄를 덮을 수 있는 법입니다.

29	...	Bh7
30	Ng3	Qe5

흑이 퀸으로 이 칸을 차지한 것은 당연합니다. 퀸이 통제하는 포지션과 별개로 백이 e5를 둘 가능성을 없애기 때문입니다.

31	Kg2	Rab8
32	Rab1	f6

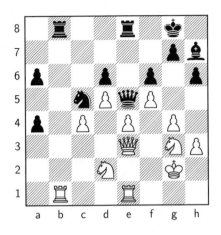

32...f6는 흑 킹에게 바람을 좀 쐬게 하려는 수입니다. 또한 퀸이 현재 칸을 떠난 후 백의 e5에 대비하기 위해서입니다. 게다가 이 수는 궁극적으로는 흑 비숍의 g8, f7 등등을 거친 재진입을 준비합니다. 단점은 e6에 백 나이트를 위한 구멍을 만든다는 것입니다. 그러나 이러한 볼품없는 폰 대형으로 인한 불이익을 피하기 위해 흑이 할 수 있는 일은 그리 많지 않습니다.

		Nf3
33		Nf3

백이 요새에서 흑 기물들을 몰아낼 때가 왔습니다.

33	...	Rb2+
34	Rxb2	Qxb2+
35	Re2	Qb3
36	Nd4	Qxe3

흑은 37 Rc2에 이어지는 Ne6 때문에 36...Qxc4를 둘 여유가 없었기 때문에 36 Qxe3는 사실상 강제입니다. 퀸 교환 이후 백의 유일한 문제는 통과한 흑 a파일 폰을 경계하는 것입니다.

37	Rxe3	Rb8
38	Rc3	Kf7
39	Kf3	Rb2
40	Nge2	Bg8
41	Ne6	

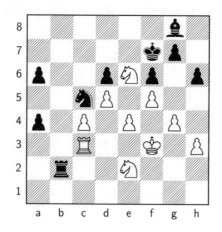

백은 흑이 비숍 포지션이 좋지 않아 나이트를 교환할 여유가 없다고 가정하고 플레이 합니다. 만약 41...Nxe4면 42 Kxe4 Rxe2+ 43 Kd3 Rh2 44 Kd4 h5 45 c5.

41	...	Nb3
42	c5	dxc5

43	Nxc5	Nd2+
44	Kf2	Ke7

흑은 44...Nb1 45 Nxa4 Nxc3 46 Nxb2 Nxe4+ 47 Ke3 Nd6로 무승부를 이룰 좋은 기회를 잡을 수 있었습니다.

45	Ke1	Nb1

이제 백은 전처럼 둘 수 없습니다. 하지만 e7에 있는 킹의 존재가 몇 수 안에 승리할 콤비네이션의 기회를 줍니다.

46	Rd3	a3
47	d6+	Kd8
48	Nd4	Rb6
49	Nde6+	Bxe6

마침내 흑 비숍이 나왔지만, 백 폰들을 위한 징검다리 역할을 할 뿐입니다.

50	fxe6	Rb8
51	e7+	Ke8
52	Nxa6	**기권**

24수부터 마지막까지 흥미진진한 게임입니다.

5. 퀸스 갬빗 수락 *Queen's Gambit Accepted*
(1925년 모스크바 인터내셔널 마스터스 토너먼트)

백: J. R. 카파블랑카   흑: E. D. 보골주보프

	백	흑
1	d4	d5
2	c4	e6
3	Nf3	dxc4
4	e4	c5

텍스트 무브 대신 4...Nf6가 고려할 가치가 있습니다.

	백	흑
5	Bxc4	cxd4
6	Nxd4	Nf6
7	Nc3	Bc5
8	Be3	

흑이 채택한 전개 시스템의 결과로 백은 수를 얻었습니다. 백은 이미 나이트와 비숍 들을 모두 전개한 반면 흑은 나이트와 비숍을 각각 한 개씩만 전개했습니다. 이처럼 상당히 개방적인 포지션에서, 흑과 같은 상황은 으레 모종의 손실을 초래합니다. 흑은 이미 만족스러운 수를 찾기 위한 강한 압박을 받고 있습니다. 만약 8...0-0이면 9 e5 Nd5 10 Bxd5 exd5 11 0-0으로 백의 이득이 확정됩니다.

8   ...   Nbd7

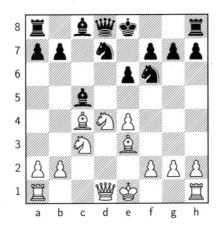

흑은 e5를 막길 바랍니다. 그는 8...e5를 둘 수 없는데 왜냐하면 9 Ndb5 때문입니다. 텍스트 무브는 백에게 매우 특이한 콤비네이션을 만들 기회를 제공합니다. 바로 완전한 전개가 이루어지기 전 게임 초반에 기물 하나를 희생하는 것입니다.

9   Bxe6   fxe6
10   Nxe6   Qa5

흑의 대안은 10...Qb6였습니다. 그때 백이 11 Nxc5로 응수하면 11...Nxc5 12 0-0으로 흑은 백의 수많은 위협들로부터 방어하는 데 엄청난 어려움을 겪었을 겁니다. 예를 들어 12...Qc6 13 Rc1 Ncxe4 14 Nxe4 Qxe4 15 Re1 Kf7 16 Rc7+ Kg6 17 Bd4 Qf4 18 Ree7 Rd8 19 Rxg7+ Kh6 20 Rxh7+ Nxh7 21 Rxh7+ Kxh7 22 Qh5+ Kg8 23 Qg6+

285

Kf8 24 Bc5+로 승리합니다.

11	0-0	Bxe3
12	fxe3	Kf7
13	Qb3	Kg6
14	Rf5	

14 Rf3도 승리할 수 있지만, 텍스트 무브가 더 낫고 빠른 엔딩을 가져올 수 있습니다.

| 14 | ... | Qb6 |
| 15 | Nf4+ | Kh6 |

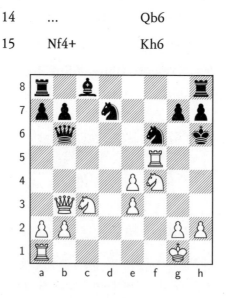

백은 다음처럼 사실상 강제적인 메이트를 가집니다. 15 Qf7 g6 16 g4 Qxe3+ 17 Kg2 gxf5 18 g5+ Kxg5 19 Qg7+ Kxf4 20 Rf1+ Ke5 21 Qe7+ Kd4 22 Rd1+ Kc4 23 Qe6+

Kc5 24 b4+ Kxb4 25 Qb3+ 그리고 26 Qb5로 메이트. 다시, 15 Qf7 g6 16 g4 Qxe3+ 17 Kg2 Nxg4 18 Rh5+ gxh5 19 Qxh5+ Kg7 20 Qxg4+ Kf8 21 Ne6+ Ke8 22 Qh5+ Ke7 23 Nd5+로 흑 퀸을 잡습니다. 실제 경기에서 백은 다르게 경기 했습니다. 그는 16 g4로 이러한 모든 복잡함을 겪지 않고도 경기를 장악할 수 있다고 생각했는데, 이는 심각한 실수로 판명되 었습니다.

16	g4	g5

흑의 이 간단한 수는 그를 망칩니다.

17	Qxb6	axb6
18	Rd1	

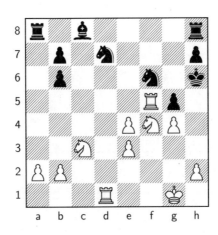

흑은 비록 기물 하나가 앞서지만, 그는 여전히 심각한 손실 없

이는 이 포지션에서 벗어나는 게 어렵습니다. 그는 게임을 단순화시켰어야 했습니다. 만약 17...gxf4면 18 g5+ Kg7(최선) 19 gxf6+ Nxf6 20 Rg5+ Kf7 21 exf4로 백은 무승부를 얻기 위해 치열한 싸움을 해야 할 것입니다. 흑은 단 한 번의 기회를 살리지 못했습니다.

18	...	Rg8
19	Nfd5	Nxg4
20	Ne7	Rg7
21	Rd6+	Kh5
22	Rf3	Ngf6
23	Rh3+	Kg4
24	Rg3+	Kh5
25	Nf5	Rg6

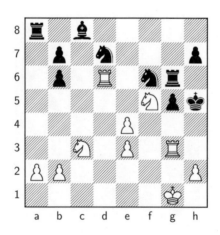

포지션이 무척 흥미롭습니다. 흑은 메이트 그물mating

net(말들의 포지션을 통해 킹의 메이트 회피를 막는 전술) 안에 들어가 있지만, 백이 그 작업을 완성시키는 것은 매우 어렵습니다. 부수적으로, 이 포지션에 대한 모든 비평가들의 분석은 잘못되었습니다. 그들은 승리를 강요하는 몇 가지 방법을 제안했지만, 그들의 제안에 반대하며 빠져나갈 방법이 있습니다. 사실 백이 힘으로 이길 수 있는 방법은 오직 한 가지뿐이고 그것은 지금 26 Rh3+를 두는 것입니다. 백은 실제로는 시간을 벌기 위해 26 Ne7을 뒀습니다. 그러나 흑은 이 포지션으로 가면 지게 된다고 간주하여 교환을 포기하고 빠져나오려 했고, 졌습니다. 26 Rh3+에서 발생하는 변형을 봅시다. 26....Kg4 27 Kg2 Nxe4 28 Rd5 Nxc3 29 Rh4+ gxh4 30 Nh6+ Rxh6 31 h3#. 다시, 26 Rh3+ Kg4 27 Kg2 Nc5 28 Nh6+ Rxh6 29 Rxh6 Ncxe4 30 Nxe4 Nxe4 31 Rd5 그리고 흑은 h3# 때문에 패배합니다. 매우 주목할 만한 포지션입니다.

| 26 | Ne7 | g4 |

26...g4는 흑 킹을 메이트 그물에서 빼내기 위해서입니다.

| 27 | Nxg6 | Kxg6 |

만약 27...hxg6면 28 e5로 응수됩니다.

| 28 | Rxg4+ | Kf7 |

29	Rf4	Kg7
30	e5	Ne8
31	Re6	**기권**

31...Nc7이면 32 Re7+ 후에 이어지는 e6로 흑 기물이 잡힙니다.

6. 루이 로페즈 *Ruy Lopez*

(1927년 뉴욕 인터내셔널 마스터스 토너먼트)

백: J. R. 카파블랑카   흑: M. 비드마르

1	e4	e5
2	Nf3	Nc6
3	Bb5	a6
4	Ba4	Nf6
5	0-0	Be7
6	Re1	b5
7	Bb3	d6
8	c3	Na5

이 변형의 한 가지 대안은 보골주보프의 아이디어, 즉 8...0-0 9 d4 exd4 10 cxd4 Bg4입니다. 그 경우에 해야 할 일은 오프닝을 다룬 장에서 논의되었습니다.

9	Bc2	c5
10	d4	Qc7

10...Qc7은 백이 텍스트처럼 경기할 때 나이트를 위한 공간을 내주자는 취지에서입니다. 그것은 가치가 의심되는 다소 복잡한 기동을 포함합니다.

11	Nbd2	0-0
12	h3	Nc6

이것은 모두 흑의 원래 계획과 일치합니다. 대안은 12...Nd7 입니다. 이는 흑 기물의 활동성을 퀸사이드로 이전하는 아이디어를 가진 ...Nb6로 이어집니다.

13	d5	Nd8
14	a4	b4

흑의 대안은 14...Rb8인데, 이는 15 axb5 axb5로 열리는 a 파일의 통제를 백에게 맡기게 됩니다. 텍스트 무브는 백 기물들을 위한 구멍을 너무 많이 만드는 단점이 있습니다.

15	Nc4

이 변형에서 이 나이트는 상황에 따라 보통 f1을 거쳐 g3 또는 e3로 이동합니다. 하지만 이 게임의 전개에서는 이 나이트를 왼쪽으로 방향을 바꾸는 게 가능하고 바람직합니다. 포지션을 조사하면 텍스트 무브가 훨씬 더 공격적임을 알 수 있습니다. 실제 게임에서처럼 그것은 Nfxe5를 위협하며, 또한 a5와의 콤비네이션으로 흑 포지션으로 들어갑니다. 동시에, 이 오프닝에서 종종 발생하는 것처럼 f5 도착을 목표로 하는 Ne3를 위한 길을 열어 둡니다. 이 포지션은 좋은 계획이 무엇을 가져야 하는지를

보여 주는 좋은 예입니다. 그것은 바로 어떤 기회에도 유리하게 계획을 바꿀 수 있는 충분한 유연성입니다.

15 ... a5

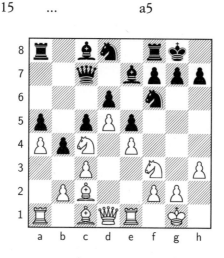

흑은 위험을 간과합니다. 그는 백의 a5를 두려워하는데, 그것은 사실상 ...bxc3를 두도록 강요하며 그를 다소 답답하게 만들기 때문입니다. 하지만 그는 복종해야 합니다. 그리고 방어 계획을 따라 15...Ne8를 둬야 합니다. 이 계획은 킹사이드와 중앙의 폰 대형 뒤에 장벽을 건설하고, 백을 기다리는 것입니다. 이 계획의 난점은 흑 기물의 과밀화와 방어성에 치우친 전체 시스템에 있습니다. 그러한 순수하게 수동적인 저항은 다른 선택의 여지가 없는 경우를 제외하고는 권장되지 않습니다. 그러나 15...Ne8는 또 하나의 매우 좋은 특징을 가지고 있는데, 그것은 ...f5를 통해 킹사이드로 진출할 수 있는 가능성입니다.

16	Nfxe5	Ba6
17	Bb3	dxe5
18	d6	Bxd6
19	Qxd6	Qxd6
20	Nxd6	Nb7
21	Nxb7	Bxb7
22	cxb4	cxb4

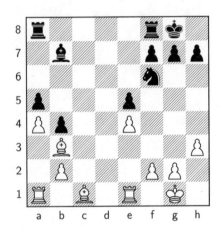

전투의 연기가 걷혔고 결과는 물질적으로 볼 때 동등한 편입니다. 그러나 백은 비숍이 두 개지만 흑 나이트는 자리를 잡아서 적극적으로 게임에 참여하기가 어려워 보입니다. 이제 백이 기물의 더 나은 포지션과 결부된 시간 요소를 활용하는 것은 그의 퀸스 비숍이 흑 나이트보다 더 나은 포지션임을 의미합니다.

| 23 | f3 | Rfd8 |
| 24 | Be3 | h6 |

25	Red1	Bc6
26	Rac1	Be8
27	Kf2	Rxd1
28	Rxd1	Rc8
29	g4	

백은 포지션은 훌륭하지만, 흑 기물들이 수비적으로 너무 잘 배치되어 있기 때문에 아직 어떤 물질적 이득을 얻으려 시도할 수 없습니다. 29 g4는 Rd5를 두기 위해 f6에서 흑 나이트를 몰 아내기 위한 킹사이드에서의 진전입니다. 흑이 수동적인 상태를 유지한다면 h4와 g5, 그리고 가능하다면 g6로 잇는다는 아이디어이기도 합니다. 백은 아직 Bb6를 둘 수 없는데 왜냐하면 ...Nd7이 이어지기 때문입니다. 백의 Bxa5는 ...Nc5 때문에 안됩니다. 백의 전진은 사실상 흑이 기권하게끔 강요합니다.

29	...	Bd7
30	Bb6	Be6
31	Bxe6	fxe6
32	Rd8+	Rxd8
33	Bxd8	Nd7
34	Bxa5	Nc5
35	b3	Nxb3
36	Bxb4	Nd4
37	a5	기권

7. 퀸스 갬빗 거절 *Queen's Gambit Declined*

(1927년 뉴욕 인터내셔널 마스터스 토너먼트)

백: J. R. 카파블랑카   흑: R. 슈필만Spielmann

1	d4	d5
2	Nf3	e6
3	c4	Nd7
4	Nc3	Ngf6
5	Bg5	Bb4

5...Bb4는 추천할 수 없습니다. 이를 정당화할 충분한 전개 없이 이른 반격을 수반하기 때문에 원칙적으로 잘못된 조치입니다. 그 결과를 곧 알게 될 것입니다.

6	cxd5	exd5
7	Qa4	Bxc3+

7...Bxc3+는 폰 손실을 피하기 위해 사실상 강요된 수입니다. 경기 초반에 백에게 두 개의 비숍과 매우 강력한 포지션을 남겨 둔 채 이 비숍이 나이트와 교환된다는 사실은 흑의 전개 시스템이 잘못됐다는 충분한 증거입니다. 어떤 확실한 이점을 얻지 않는 한, 나이트와 교환하려고 오프닝에서 비숍을 두 번 옮기는 일은 결코 이득이 될 수 없습니다.

8	bxc3	0-0
9	e3	c5
10	Bd3	c4
11	Bc2	Qe7

이미 흑 킹스 비숍의 부재가 감지되고 있습니다. 흑 퀸이 어두운 칸들을 보호해야 합니다.

12	0-0	a6
13	Rfe1	

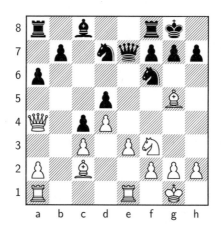

백은 e4를 두겠다고 위협하여 흑의 게임을 부수고자 합니다. 흑은 그걸 막아야 합니다. 그는 13...b5를 둘 수 없는데 14 Qa5 Bb7 15 Qc7으로 비숍과 Bxf6를 위협받기 때문입니다. 사실 백은 완전히 전개했고 흑은 시간이 뒤쳐진 것 외에 불안정한 포지션도 갖고 있습니다. 이 상황에서 흑은 고난에서의 탈출

을 거의 성공시킬 매우 영리한 계획을 발전시킵니다.

13	...	Qe6
14	Nd2	b5
15	Qa5	

15 Qa5는 상황의 핵심입니다. 백은 13...Qe6로 시작하는 흑의 계획을 알고 있었습니다. 그리고 전체 계획을 파괴할 콤비네이션을 준비했습니다.

15	...	Ne4

이것이 흑의 계획의 핵심입니다. 그는 a4 이전 또는 이후에 f3를 방지하려고 합니다.

16	Nxe4	dxe4
17	a4	Qd5

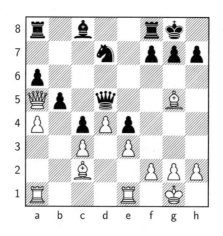

흑은 당연히 백이 이제 자신의 비숍을 지키고, 그 후 자신이
...Bb7를 두어 매우 만족스러운 게임을 얻게 되리라 예상했습니
다. 그러나 그는 전문가인 상대가 일을 그리 쉽게 만들지 않으리
라는 걸 고려하지 못했습니다.

> 18   axb5

이는 백의 콤비네이션의 열쇠이자 흑에게는 매우 불쾌한 놀라
움입니다. 백은 자신의 비숍을 방어할 필요가 없으며 그 결과 흑
의 게임은 완전히 박살났습니다. 흑이 재앙을 피하기 위해 지금
할 수 있는 일은 아무것도 없습니다.

> 18   ...   Qxg5
>
> 19   Bxe4   Rb8

만약 19...Ra7이면 20 b6 Qxa5 21 bxa7 Bb7(최선) 22 Rxa5 Bxe4 23 Rxa6 Ra8 24 Re2 Bb7(최선) 25 Ra5 Kf8 26 Rb2 Bc8 27 Rb4 Ke7 28 Rxc4로 백은 물질적인 면에서 압도적인 우세를 갖게 됩니다.

20	bxa6	Rb5
21	Qc7	Nb6
22	a7	Bh3
23	Reb1	Rxb1+
24	Rxb1	f5
25	Bf3	f4
26	exf4	기권

이 경기는 토너먼트에서 가장 탁월한 경기로 특별상을 받았습니다.

8. 카로칸 디펜스 *Caro-Kann Defence*

(1927년 뉴욕 인터내셔널 마스터스 토너먼트}

백: A. 님초비치　　　　**흑: J. R. 카파블랑카**

1	e4	c6
2	d4	d5
3	e5	

3 e5는 이 오프닝의 공격 형태 중 하나입니다. 오늘날 그것은 Nc3나 exd5보다 열등하다고 여겨집니다. c4에 이은 후자의 행마가 현재 가장 유행하고 있습니다. Nc3와 exd5는 모두 시간을 벌기 위한 움직임을 전개합니다. e5는 포지션적인 수의 특성에 더 가깝고, e5의 폰은 쐐기 역할을 합니다. e5의 단점은 흑 퀸스 비숍의 즉각적인 해방입니다. 또한, 다가오는 포지션의 특성상, 백은 킹스 비숍을 흑의 퀸스 비숍과 교환할 것입니다. 이는 매우 명확한 이유를 제외하고는 보통 해서는 안 되는 일입니다. 대부분의 오프닝에서 흑은 퀸스 비숍을 전개하는 데 어려움을 겪는 반면, 백의 킹스 비숍은 오프닝에서 바로 전개되는 대부분의 공격에서 통상적으로 매우 중요한 역할을 합니다. 백이 킹스 비숍을 흑의 퀸스 비숍과 교환하는 어떤 전개 시스템이라도 원칙적으로는 바람직하지 않은 이유입니다.

3	...	Bf5

4	Bd3	Bxd3
5	Qxd3	e6
6	Nc3	Qb6
7	Nge2	c5

흑에게 퀸들을 교환하는 가장 안전한 코스는 7...Qa6일 것입니다. 그때 백이 퀸을 물린다면, 흑 퀸은 백 킹스 비숍의 부재로 인해 a6-f1 대각선을 따라 밝은 칸을 통제할 수 있을 것입니다. 그러나 흑은 무승부를 촉진할 수 있는 퀸 교환을 피하고자 합니다. 7...c5 전진에 의해 양쪽에서 고르게 균형 잡혔던 힘이 깨집니다. 포지션의 균형이 흐트러졌다고 할 수 있습니다. 이런 경우의 결과는 다양합니다. 종종 이 게임에서처럼 보드 양 사이드에서 악전고투가 벌어지는데, 선수들은 상대방을 한쪽 사이드에서 붙들면서 다른 쪽 사이드에서 우위를 점하려고 합니다.

8	dxc5	Bxc5
9	0-0	

흑은 전개에서 조금 뒤쳐져 있지만, ...Nd7 또는 ...Nc6 중 하나를 둬서 단단한 포지션을 갖고 시간을 되찾을 수 있습니다. 백이 Qg3로 이러한 움직임에 응답한다면 흑은 ...Ne7에 의한, 말할 나위 없이 좋은 폰 희생이 가능한 보수적인 ...g6 또는 부담이 있는 ...Kf8 중에서 하나를 선택할 수 있을 것입니다. 모든 것을 다 보여 주기엔 여기에는 너무 많은 가능성들이 있지만 그

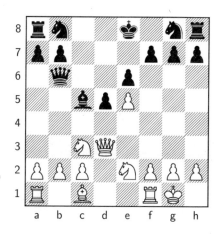

중 일부만 봐도 흥미롭습니다. 9...Nc6 10 Na4 Qa5 11 Nxc5 Qxc5 12 Be3 그리고 흑이 퀸 교환을 강제하는 12...Qc4를 두지 않는 한 백은 13 f4를 둬서 실제 이뤄진 게임과 매우 유사한 포지션을 갖게 됩니다. 그러나 흑은 퀸의 결과적인 포지션 덕분에 시간적으로 어느 정도는 우위를 점할 수 있습니다. 다시 9...Nc6면 10 Qg3 Ne7 11 Qxg7 Rg8 12 Qxh7 Kd7으로 두 폰들에 대해 매우 강력하게 공격합니다. 9...Nd7에 대해선 백은 10 Na4 Qc7 11 Nxc5 Qxc5(최선. 11...Nxc5면 백은 12 Qg3 g6 13 Nd4로 우세해집니다) 12 Be3 Qc7 13 f4로 실제 게임과 매우 유사하지만 살짝 낫게 됩니다. 다이어그램의 포지션에서 흑은 세 번째 수, 9...Ne7을 선택했습니다. 이는 가능한 한 빨리 나이트를 f5에 배치하자는 생각입니다.

| 9 | ... | Ne7 |
| 10 | Na4 | Qc6 |

11	Nxc5	Qxc5
12	Be3	Qc7
13	f4	Nf5
14	c3	Nc6

마침내 흑은 완전히 전개했고 어느 사이드에서든 캐슬링 할 수 있는 가능성을 열어 두었습니다. 이런 포지션에서는 대개 상대방이 이 두 가지 가능성에 대해 경계하게 만들기 위해 가능한 한 캐슬링을 지연시키는 게 더 낫습니다. 게다가 일반적인 교환이 일어나 룩 엔딩이 된다면, 킹은 보드의 바로 가운데에 있는 게 더 나을 것입니다.

15	Rad1	g6

흑은 15...g6를 조만간 두어야만 했습니다. 그는 정말로 ...h5를 두고 싶었습니다. 하지만 백에게 g4를 둘 기회를 주면 백이 그렇게 하고 싶을지도 모른다고 생각했습니다.

16	g4	

백이 흑 나이트를 몰아내라는 흑의 요청을 수락했습니다. 그는 아마도 강력하게 배치된 흑 나이트를 몰아내지 않는다면 흑은 ...h5를 둘 것이고 그 후 나이트는 나머지 과정에서 문제의 근원이 되리라 생각했을 겁니다. 흑은 16 g4를 허용하기 전에

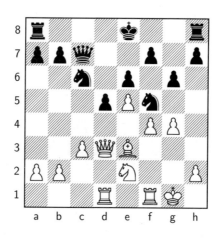

다른 요소들을 고려했습니다. 그는 자신의 나이트와 상대 비숍을 교환한 후에 ...h5를 둬서 백이 g5를 두게끔 압박하고자 합니다. 결과적으로 백의 f파일 폰은 매우 허약해질 것입니다. 킹사이드 전체는 그 영역에 들어갈 수 있는 어떤 흑 기물에게도 열리게 될 것입니다. 흑이 백의 수비를 뚫는 게 불가능해 보이긴 하지만 흑은 이를 위한 방법이 있으리라고 느꼈습니다. 그의 판단은 정당했습니다. 백 거점의 정복과 허약한 f파일 폰이 백 킹사이드의 노출된 포지션과 결합되어 백이 몰락하는 원인임을 증명할 수 있었기 때문입니다.

16	...	Nxe3
17	Qxe3	h5

17...h5는 g5를 강제합니다. 그렇게 하지 않으면 흑은 폰 교환과 퀸사이드 캐슬링으로 백이 견딜 수 없을 매우 강력한 공격

을 퍼부울 것입니다.

18	g5	0-0
19	Nd4	Qb6
20	Rf2	Rfc8
21	a3	Rc7
22	Rd3	Na5
23	Re2	Re8

백은 24 f5를 위협하는데, 흑이 24...exf5를 두면 25 e6로 응수합니다.

24	Kg2	Nc6
25	Red2	Rec8
26	Re2	Ne7
27	Red2	Rc4

백의 마지막 몇 수는 시간 때우기입니다. 그의 수비 포지션은 최대 병력을 동원했습니다. 그보다 더 나아질 수가 없습니다. 이제 어떻게 장벽을 무너뜨리는지 보여 주는 일은 흑에게 달려 있습니다.

28	Qh3	Kg7
29	Rf2	a5

흑은 모든 것을 자기 마음대로 할 수 있기 때문에, 힘으로 부술 채비가 될 때까지 포지션을 준비합니다.

30　　　　Re2　　　　　　　Nf5

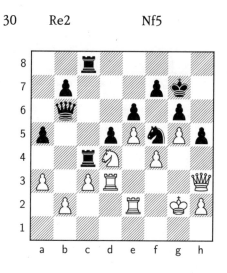

흑은 첫 번째 돌파 기회를 잡습니다. 백은 어쩔 수 없이 흑 나이트를 잡습니다. 그 대신 31 Red2를 두면 31...Nxd4 32 Rxd4(최선) Rxd4 33 cxd4 Qb5에 이어서 ...Rc1으로 흑은 실제 경기에서와 유사한 방법으로 이기게 됩니다.

31　　　　Nxf5+　　　　　　gxf5

백은 g파일 폰의 재탈환을 막기 위해 그의 퀸을 h3에 뒀습니다. 그러나 그는 h파일 폰을 잡을 수 없다는 걸 알게 됩니다. 왜냐하면 ...Rh8에 이어지는 ...Rh4 때문입니다. 백의 허약한 f파일 폰의 이야기가 시작됩니다.

32	Qf3	Kg6
33	Red2	Re4
34	Rd4	Rcc4

흑은 퀸을 백 포지션으로 밀어넣기 위해 두 번째 교환을 강요합니다. 다이어그램의 상황이 아주 흥미롭습니다. 백은 룩들을 지금 교환하든 나중에 교환하든 패배합니다. 자신의 허약한 f파일 때문에 결과적으로 퀸 엔딩에서 지기 때문입니다. 그리고 흑 퀸이 백의 열린 킹 포지션으로 자신의 길을 만들 수 있다는 사실 때문이기도 합니다.

35	Qf2	Qb5
36	Kg3	Rcxd4
37	cxd4	Qc4
38	Kg2	b5

다시금 흑은 원하는 대로 자유롭게 할 수 있습니다. 그래서 그는 모든 만일의 사태에 대비합니다.

39	Kg1	b4
40	axb4	axb4
41	Kg2	Qc1
42	Kg3	Qh1
43	Rd3	Re1
44	Rf3	Rd1
45	b3	Rc1
46	Re3	Rf1

백 기권

이 게임으로 흑은 토너먼트의 최고 경기로 특별상을 받았습니다.

9. 퀸스 갬빗 거절 *Queen's Gambit Declined*

(1927년 뉴욕 인터내셔널 마스터스 토너먼트)

백: A. 님초비치　　　　**흑: J. R. 카파블랑카**

1	c4	Nf6
2	Nf3	e6
3	d4	d5
4	e3	Be7
5	Nbd2	

백은 지금까지의 오프닝 과정 동안 행마의 순서를 변화시켰습니다. 그는 잉글리시 오프닝으로 시작하여 세 번째 수 이후에는 이미 퀸스 갬빗으로 바꾼 상태였습니다. 그리고 나서 그의 네 번째 수에서 그는 퀸스 비숍을 꺼내지 않았습니다. 그리고 마지막으로 5 Nbd2를 둡니다. 흑을 곤혹스럽게 만들려는 의도였을 수도 있고, 마지막 순간까지 진짜로 두고자 했던 수를 숨기려 했을 수도 있습니다. 이것은 백이 어느 정도까지는 할 수 있는 일이지만, 올바른 전개를 희생시켜서는 안 됩니다. 백의 마지막 수는 흑이 언제든 ...dxc4를 둘 경우에 대비하여 나이트로 재탈환하기 위해서입니다. 또한 킹스 비숍이 d3로 나온 후 e4를 두는 걸 목표로 합니다.

5	...	0-0

6	Bd3	c5

6...c5는 e4를 방지하고 주도권을 쥐기 위해서입니다. 이것은 백이 채택한 오프닝 시스템 덕분에 가능했습니다. 흑이 게임 초반에 스스로 문제를 해결할 수 있다는 사실은 백의 전개에 결함이 있었다는 충분한 증거입니다.

7	dxc5

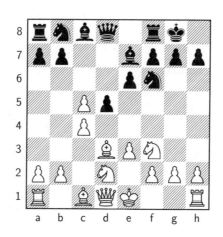

7	...	Na6

포지션의 조커. 흑은 나이트로 폰을 탈환하고 비숍을 공격해 시간과 포지션을 확보할 예정입니다. 자산을 얻으려는 수가 아닌, 시간과 포지션을 모두 얻는 수는 이상적인 오프닝 수입니다.

8	0-0	Nxc5

9	Be2	b6
10	cxd5	Nxd5
11	Nb3	Bb7
12	Nxc5	Bxc5

백은 오프닝에서 실패한 후에, 매우 뛰어난 판단력으로 능숙한 수비 플레이를 통해 흑의 전개 이점을 무력화할 수 있는 포지션을 가져와 시간 손실을 극복하려고 게임을 단순화시키고자 합니다.

| 13 | Qa4 | Qf6 |

흑은 백의 계획을 알고 있습니다. 그는 백의 퀸스 비숍 전개를 지연시키는 동시에 한 번 더 교환을 준비합니다.

14	Ba6	Bxa6
15	Qxa6	Nb4
16	Qe2	Rfd8

흑은 자신의 기물을 매우 논리적인 방법으로 계속 전개시키고 있습니다. 일곱 번째 수 외에 흑의 동작 중 단순하면서 논리적이지 않은 것은 단 하나도 없습니다. 게임을 하는 사람이면 누구라도 흑 기물을 잡고 있다면 똑같이 했으리라 생각할 것입니다. 현재까지 흑은 모든 수에서 이득을 얻고 있습니다.

17	a3	Nd3
18	Ne1	Nxe1
19	Rxe1	Rac8
20	Rb1	

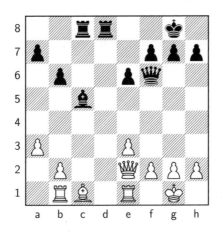

백은 마침내 b4에 이어 Bb2를 통해 자신의 포지션을 해방시킬 준비가 되었습니다. 반면 흑은 단순하고 논리적인 전개의 결과로 룩들로 오픈 파일을 모두 제어할 수 있으며 시간에서도 앞서고 있습니다. 흑은 이제 백이 완전히 전개하기 전에 자신의 장점에 대해 고려해야 할 때입니다.

| 20 | ... | Qe5 |

이는 퀸을 전투에 투입할 시간을 벌기 위한 책략입니다. 흑은 룩들 중 하나로 2랭크를 차지하길 원하고 그렇려면 퀸의 협력이 필요합니다. 텍스트 무브는 백의 b4를 즉시 방지하기 위해서인

데, b4를 두면 흑은 21...Bd6로 응수하여 22 g3 Qe4로 2랭크의 소유권을 얻게 됩니다.

21	g3	Qd5
22	b4	Bf8
23	Bb2	Qa2
24	Ra1	Qb3
25	Bd4	Rc2

마침내 흑은 2랭크를 차지했습니다. 그 효과는 곧 나타납니다.

26	Qa6	e5
27	Bxe5	Rdd2

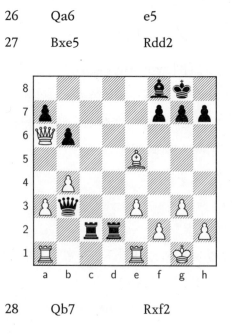

28	Qb7	Rxf2

백의 게임이 소멸했다는 게 이제 명백합니다. 백이 28 Rf1을 둘 수 없었던 이유를 주목해야 하는데 왜냐하면 28...Qxe3 때문입니다(백으로선 메이트가 세 수만에 따라올 것이기에 흑 퀸을 잡을 수 없습니다). 거기에서 29 Bf4를 두면 29...Rxf2로 역시 퀸을 포기해야 하고 백이 어떻게 하든 간에 몇 수 안에 메이트가 됩니다.

29	g4	Qe6

흑은 ...Qxg4+와 ...Qxe5뿐만 아니라 ...Rxh2도 위협합니다.

30	Bg3

백이 싸움을 겁니다. 흑이 30...Qxg4를 둔다면 31 Rf1이 백에게 기회를 줄 것입니다. 그래도 흑이 게임을 제대로 운용한다면 이길 수 있으리라는 점은 확실하지만, 그 길은 실제 이뤄진 경기처럼 쉽지는 않았을 겁니다.

30	...	Rxh2

최후의 일격. 백은 ...Qxg4+에 이어 ...Qh3와 메이트 때문에 비숍으로 룩을 가져갈 수 없습니다.

31	Qf3	Rhg2+
32	Qxg2	Rxg2+
33	Kxg2	Qxg4
34	Rad1	h5
35	Rd4	Qg5
36	Kh2	a5
37	Re2	axb4
38	axb4	Be7
39	Re4	Bf6
40	Rf2	Qd5
41	Re8+	Kh7
	백 기권	

10. 퀸스 폰 오프닝 *Queen's Pawn Opening*

(1928년 베를린 인터내셔널 마스터스 토너먼트)

백: J. R. 카파블랑카　　　**흑: A. 루빈스타인**

1	d4	d5
2	Nf3	c5

2...c5는 백으로부터 주도권을 빼앗으려는 시도입니다. 지금 가장 좋은 수가 무엇인지 말하기는 어렵지만, 일반적인 이론상 흑의 움직임은 잘못되었습니다. 왜냐하면 두 번째로 두는 선수는 심각한 위험 없이는 Nf3와 같은 자연스럽게 전개하는 수에 맞서 게임 초반에 주도권을 잡을 수 없기 때문입니다.

3	dxc5	e6
4	e4	

백은 흑이 고립된 중앙 폰을 갖게끔 합니다. 이 시스템의 단점은 흑이 기물을 어떠한 문제 없이 전개할 수 있게 해 준다는 것입니다. 그러나 고립된 중앙 폰은 흑을 계속적으로 침습하는 약점이 됩니다. 하지만 그 약점이 백이 이 게임에서 채택한 전개를 정당화하기에 충분한지는 아직 증명되지 않았습니다.

4	...	Bxc5

당연히 4...dxe4는 안 됩니다. 왜냐하면 5 Qxd8+ Kxd8 6 Ng5 때문입니다.

5	exd5	exd5
6	Bb5+	

백은 고립된 흑 폰에게 관심을 쏟기 전에 재빨리 캐슬링을 합니다. 이 움직임의 단점은 조만간 비숍이 d3 또는 e2로 돌아오느라 시간을 허비해야 하는 것입니다.

6	...	Nc6
7	0-0	Ne7
8	Nbd2	

8 Nbd2는 이러한 유형의 포지션에서 필수적인 기동입니다. 이 나이트는 이후 백이 c3를 둔 후에 d5에서 흑 폰을 고정시키기 위해 b3로 갈 것입니다. 그렇지 않으면 흑 폰은 위험 없이 자유롭게 전진할 수 있을 것입니다.

8	...	0-0
9	Nb3	Bb6
10	Re1	

백은 오픈 파일을 가져가면서 궁극적으로는 Be3를 준비하여,

b6의 강력한 흑 비숍을 없애려 합니다. 일부 주석자들은 이것이 백의 취약한 수였다고 주장했습니다. 그렇지 않습니다. 텍스트 무브는 이 포지션에서는 거의 개선할 게 없는 훌륭한 수입니다.

10   ...   Bg4

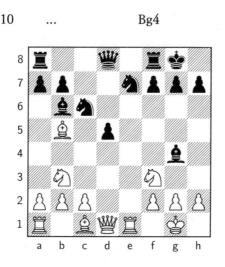

이것은 게임에서 중요한 포인트입니다. 흑은 이제 완전히 전개되어 ...Bxf2+에 이어 ...Qb6+를 두겠다고 위협하고 있습니다. 백은 11 Be3를 둘 수 있지만, 11...d4가 계획을 망칠 수 있습니다. 하지만 백은 11 h3를 둘 수 있었고, 그래야 했습니다. 그렇게해서 흑이 11...Bxf3로 응수하면, 12 Qxf3가 백에게 훌륭한 게임을 제공할 것이고, 11...Bh5일 경우에는 12 c3가 백에게 다시 한 번 최선이 됩니다. e7의 흑 나이트가 백의 g4 때문에 g6나 f5로 갈 수 없기 때문입니다. 그런데 백은 11 Bd3를 두는 실수를 저질렀습니다.

11	Bd3	Ng6
12	h3	Bxf3
13	Qxf3	Nce5
14	Qf5	Nxd3
15	Qxd3	

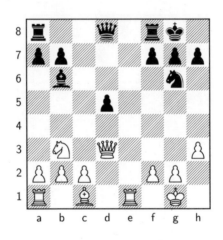

경기의 전환점입니다. 백의 부실한 11수의 결과로 흑은 매우 좋은 경기를 얻었습니다. 흑의 유일한 약점은 고립된 d파일 폰이고 백은 Be3보다 더 나은 방법이 없어 보이기에 15...Qf6를 둬서 그것을 제거할 수 있었습니다. 그러면 사실상 대등한 경기로 이어졌을 겁니다. 그래서 15...Qf6 16 Be3 Qxb2 17 Qxd5 Bxe3 18 Rxe3가 되었을 것입니다. 그러나 흑은 무승부보다 더 나아야 한다고 생각했고 결과적으로는 텍스트 무브를 두도록 유혹되었을 수 있습니다.

15	...	d4

폰의 안전이라는 관점에서 볼 때 이것은 충분히 자연스러운 수지만, 이 폰을 더 멀리 전진시킬 수 있는 것과 동등한 수준 이상의 기회가 없는 한 전략적 실수입니다. 이 폰은 현재 포지션에서 b6에 강력하게 배치된 자신의 비숍의 동선을 차단합니다. 폰 자체는 이제 퀸뿐만 아니라 비숍에 의해 보호되지만, 다른 한편으로는 두 배의 공격을 받기도 합니다. d5 점유에도 한 가지 이점이 있는데, 백 c파일 폰이 전진할 수 없다는 것입니다. 하지만 흑이 d4 폰을 방어하거나 백의 c파일 폰을 공격할 수 있다는 것도 다시금 고려해야 할 이점입니다.

| 16 | Bd2 | Qf6 |
| 17 | Re4 | Rad8 |

17...Rad8는 최선이 아닐 수도 있습니다. 아마도 다른 룩이 d8 칸 룩이 되고, 이 룩은 백 c파일 폰을 공격하는 c8 칸에 가야 했을 수도 있습니다. 그러나 흑은 이미 룩들의 교환을 고려하고 있으며, 텍스트 무브는 이를 위해 필요합니다.

| 18 | Rae1 | Qc6 |
| 19 | g3 | |

19 g3는 백에게 매우 중요합니다. 흑 g6 나이트의 동작을 완전히 차단하고, g2에 백 킹을 위한 공간을 확보합니다. 흑에게 밝은색 대각선 비숍이 없는 현실은, 백이 룩으로 유일한 오픈 파

일을 통제하기에 백 킹 포지션을 충분히 안전하게 만듭니다.

19	...	Rfe8
20	Ba5	Rxe4
21	Qxe4	

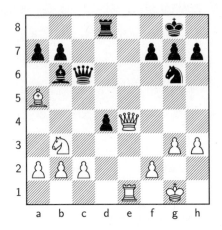

매우 흥미로운 포지션이며 연구에 보답할 것입니다. 지금부터 백은 게임을 강요할 수 있습니다. 백은 **22 Bxb6 Qxb6 23 Rd1**으로 d파일 폰을 잡겠다고 위협하고 있습니다. 흑의 최선의 기회는 **21...Qxe4 22 Rxe4 Bxa5 23 Nxa5 f5**일 것입니다.

| 21 | ... | Nf8 |

흑은 폰을 방어하려고 나이트를 e6로 데려오기 위해 이 수를 뒀습니다. 그러나 백에게 룩을 7랭크에 올릴 수 있는 기회를 주었고, 결과적으로 흑은 곧 폰을 잃을 겁니다. 하지만 경기의 이

단계에서, 선택할 코스의 결정은 매우 어려웠습니다.

22	Qxc6	bxc6
23	Re7	Rd5

백이 Rxa7을 두겠다고 위협했습니다. 대안은 **23...d3 24 cxd3 Rxd3 25 Bxb6 axb6 26 Rb7**으로 백에게 약간 유리해 질 수 있습니다.

24	Bxb6	axb6
25	Rb7	Nd7
26	Rc7	Rd6

만약 **26...c5**면 **27 Rc8+ Nf8 28 Rb8 c4 29 Nd2 d3 30 cxd3 cxd3 31 Rxb6 Re5 32 Rd6.**

27	Rc8+	Nf8
28	Nd2	c5

만약 **28...b5**면 **29 Nb3**에 이어서 **Na5.**

29	Nc4	Re6
30	Rb8	Re1+
31	Kg2	g5

32	a4	Ra1
33	Nxb6	Kg7

흑 킹은 마침내 자유로워졌지만, 너무 늦었습니다. 지속적인 메이트 위협으로 인해 흑은 나이트로 킹을 지켜야 하고 백은 폰을 잡고 게임에서 승리할 수 있습니다.

34	Rc8	Ne6
35	Nd7	Rxa4
36	Nxc5	Rb4

흑은 나이트를 교환할 여유가 없습니다. d파일 폰을 잃기 때문입니다.

37	Nd3	Rb5
38	Kf3	h6
39	b4	h5
40	g4	hxg4+
41	hxg4	f6
42	Rc4	Kf7
43	Nc5	Nd8
44	Nb3	**기권**

매우 격렬한 전투입니다.

11. 님조인디언 디펜스

Nimzo-Indian Defence

(1930년 네덜란드 오이베-카파블랑카 대국, 세 번째 경기)

백: J. R. 카파블랑카   흑: M. 오이베

1	d4	Nf6
2	c4	e6
3	Nc3	Bb4
4	Qc2	d5
5	cxd5	exd5
6	Bg5	Qd6

흑의 6...Qd6는 자신의 나이트에 걸린 핀을 풀기 위해서입니다. 백 비숍을 돌려보내면 흑이 한 수 뒤쳐진 퀸스 갬빗의 표준적인 변형이 될 것입니다. 또한 ...h6와 ...g5를 두는 건 너무 위험합니다.

7	e3	Ne4
8	Bf4	Qg6

흑의 대안은 8...Qe7 또는 8...Qc6입니다. 이와 다른 퀸의 움직임은 훨씬 덜 만족스럽습니다. 지금까지 진행된 8수 동안 흑은 퀸을 두 번, 킹스 나이트도 두 번 움직였다는 점을 주목해야

합니다. 닫힌 포지션에서는 그런 행마가 종종 가능하며 좋을 때
도 있지만, 다소 개방적인 포지션에서는 문제 없이 할 수 있는
경우가 거의 없습니다.

9   a3

흑이 9...Nxc3를 위협했습니다. 텍스트 무브는 흑이 비숍을
나이트와 교환하도록 강요해 백의 퀸스 나이트와 킹에 대한 압
박을 풀어줄 뿐만 아니라 백 포지션을 강화합니다.

| 9 | ... | Bxc3+ |
| 10 | bxc3 | Bf5 |

10 Bf5는 폰의 상실을 불러오지만, 흑은 선택의 여지가 거의
없었습니다. 즉각적인 패배를 피할 유일한 방법은 10수에서 또
한 번의 퀸 이동인 10...Qc6입니다. 10...c6는 실현 가능한 수
가 아닌데 11 f3 Nf6 12 Bd3 Qh5 13 h4 그리고 14 g4로 기
물이 잡히는 일을 막을 수 없기 때문입니다.

| 11 | Qb3 | 0-0 |

흑이 공격을 위한 수를 둡니다. 그는 전개에서 약간 앞서 있
으며, 시간을 더 벌기 위해 폰을 제공합니다. 백이 12 Qxb7을
두면 흑은 12...Nc6를 둬서 백이 심각한 손실을 피하는 게 불

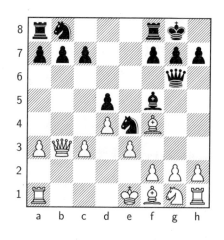

가능할 정도로 전개에서 유리해질 것입니다. 그러나 백은 12 Qxd5를 둬서 다음과 같은 더 나은 게임을 얻을 수 있습니다. 12...Nxc3 13 Qb3 Ne4 14 Nf3 Qb6(최선. 만약 14...Nc6면 15 Rc1 Nd6 16 Ne5 Nxe5 17 dxe5로 백 승리 포지션 획득) 15 Qxb6 cxb6 16 Bd3로 승리 포지션을 갖게 됩니다. 백은 또한 12 Nf3로도 이길 수 있는데 흑의 최선의 응수가 12...Qb6고 13 Qxb6 cxb6 14 c4로 이어지기 때문입니다. 하지만 백은 단순한 과정을 채택하는 대신 복잡성을 추구했습니다. 명확한 이점을 제공하는 단순한 지속이 가능할 때는 추천하지 않는 정책입니다.

12	f3	Nd6
13	g4	Bd3

흑은 어떤 대가를 치르더라도 공격을 고집합니다. 공격을 위

한 기물 수가 방어를 위한 기물 수보다 적은 이런 경우에는 잘못된 정책입니다. 흑은 백이 방어에 들어가기 전에 자신의 기물들의 균형을 맞출 수 있어야만 성공할 수 있었습니다. 그렇게 못했기 때문에 그는 결과를 감내할 수밖에 없습니다. 그는 13...Be6를 둬야 했습니다. 그러면 백은 아마도 Bd3를 통해 흑 킹을 향한 공격을 시작하려고 14 Rd1을 뒀을 것이기 때문입니다. 또는 13...Be6 14 Bxd6 cxd5 15 Qxb7 Nd7이 백에게 매우 불안한 상황을 제공할 겁니다.

14	Qxd5	Bxf1
15	Kxf1	Qd3+
16	Ne2	Nc4
17	Kf2	Nxe3

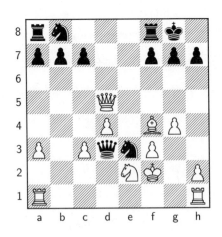

매우 영리한 희생입니다. 백은 이 흑 나이트를 잡을 수 없습니다. 기물을 되찾아 흑에게 좋은 게임을 선사할 18...Re8 때문입

니다. 그러나 불행히도 흑에게는 공격을 위한 충분한 힘이 없습니다. 그가 공격에 쓸 수 있는 것은 퀸과 나이트뿐이며, 즉시 전투에 투입할 수 있는 유일한 무기는 킹스 룩뿐입니다. 그에 맞서 백은 자신의 모든 기물들로 킹을 방어할 준비가 되어 있습니다. 이러한 상황에서는 포지션이 매우 특이한 성격을 갖지 않는 한, 공격은 성공할 수 없습니다.

18	Qxb7	Na6
19	Qb1	Qxb1

흑은 나이트의 상실을 피하기 위해 퀸들을 교환해야 했습니다. 결과적으로 백은 올바른 플레이로 이길 수 있을 만큼 폰에서 앞서는 충분히 유리한 좋은 게임을 갖게 됐습니다.

20	Raxb1	Nc4
21	a4	Rab8
22	Rb5	Rb6
23	Rhb1	Re8
24	Ng3	Rf6
25	Rf5	

백은 f4 비숍을 유지하여 흑의 두 나이트의 움직임을 통제하고자 합니다. 동시에 e4에 나이트를 배치하여 e8 흑 룩의 백 포지션 진입을 막으려 합니다. e4의 나이트는 매우 강력한 중앙

포지션이 될 것입니다. 이 전술의 결과로 흑은 자신의 퀸사이드 폰들을 재집결시킬 수 있고 백의 기물들도 서로 조금씩 모이는 게 사실이지만, 백의 궁극적인 의도는 킹사이드 진격이기 때문에 백 기물들의 과밀화는 그리 심각한 실수가 되지 않을 것입니다. 대안은 25 Nf5 또는 Ne4를 두겠다고 위협하는 25 Bc1일 것입니다. 그런데 전자는 백 나이트의 e4 배치를 못하게 됩니다. 후자는 두 흑 나이트들의 동선 대부분을 통제하는 칸에 있는 비숍을 치웁니다. 게임의 과정은 텍스트 무브를 추진한 백의 판단을 정당화했습니다.

25	...	Rb6
26	Rxb6	axb6
27	Ne4	f6
28	h4	c6
29	h5	Kf7

흑은 30 Bxh6 때문에 29...h6를 둘 수 없습니다.

30	Bc1

나쁜 수입니다. 백은 자신의 원래 계획을 계속 진행해야 했는데, 다음과 같이 했다면 큰 문제 없이 이겼을 겁니다. 30 h6 Rxe4 31 fxe4 g6 32 Rb5 cxb5 33 axb5, 그리고 백은 포지션 우세로 기물을 보상받게 됩니다. 백은 a6에 흑 나이트가 놓

인 것을 잊고 텍스트 무브를 뒀습니다. 참고로 모든 주석자들은 흑이 지금 30...Nc7을 두면 쉽게 무승부를 할 수 있다고 추정했습니다. 그들은 백이 30...Nc7에 대응해서 31 a5를 둘 수 없으며, 이는 ...g6로 룩을 잡겠다고 위협하는 31...Nd5 때문이라고 합니다. 그 주장은 완전히 틀렸습니다. 백은 31 a5를 둘 수 있을 뿐만 아니라, 그것은 백에게 최고의 승리 기회를 주는 최선의 수입니다. 이 포지션은 매우 흥미로우며 연구에 보답을 줄 것입니다.

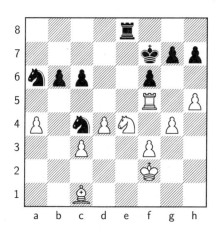

흑이 30...Nc7을 뒀다고 가정해봅시다. 30...Nc7 31 a5 Nd5 32 axb6 g6 33 Rf4 Rb8 34 Nxf6 Nxf4 35 Bxf4 Rxb6 36 Nxh7으로 교환 가능한 세 개의 폰을 가진 백은 이길 수 있는 훌륭한 기회를 가집니다. 다시 돌아가 봅시다. 30...Nc7이면 31 a5 Nd5 32 axb6 g6 33 Rf4 Re7 34 Ng5+ 이어서 Re4로 승리할 기회를 갖습니다. 상술한대로 30...Nc7 31 a5 Nd5 32 axb6 g6 33 Rf4 이후에 흑이 무승부를 할 최선의 기회는

33...Nxf4인데 그러면 백은 34 Bxf4 Nxb6 35 Nd6+ Ke7 36 Nxe8 Kxe8 37 Ke2로 이기기는 어렵지만 승리의 기회를 잡게 됩니다.

실제로 게임은 다음과 같이 계속되었습니다.

30	...	Re6

이는 시간 압박으로 인한 치명적 실수입니다. 경기는 두 시간 동안 32수로 진행되고 있었습니다. 흑은 시간이 매우 부족했고 아마도 피곤했을 겁니다.

31	Ng5+	기권

12. 퀸스 갬빗 거절-슬라브 디펜스

Queen's Gambit Declined-Slav Defence

(1930년 네덜란드 오이베-카파블랑카 대국)

백: J. R. 카파블랑카   흑: M. 오이베

1	d4	d5
2	Nf3	Nf6
3	c4	c6
4	Nc3	dxc4
5	a4	Bf5
6	Ne5	Nbd7
7	Nxc4	Qc7
8	g3	e5
9	dxe5	Nxe5
10	Bf4	Nfd7
11	Bg2	Be6

11...f6가 자연스러운 수입니다. 텍스트 무브는 인위적이고 시간을 잃게 되어 ...f6에 비해 열등합니다.

12	Nxe5	Nxe5
13	0-0	Qa5

자신의 열한 번째 수의 결과로 흑은 완전한 전개를 이루기 전에 퀸을 두 번 움직여야만 합니다. 이 게임에서와 같은 열린 포지션에서 그런 시간 낭비는 피해야 합니다.

| 14 | Ne4 | Rd8 |
| 15 | Qc2 | Be7 |

15...Bb4가 대안이었지만, 흑은 백의 Ng5에 맞설 방어막을 원합니다.

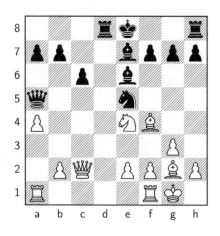

포지션이 매우 흥미롭습니다. 백은 16 Ng5 Bxg5 17 Bxg5 f6(흑으로선 17...Nf3+는 안 되는데, 18 exf3 Qxg5 19 f4 Qa5 20 b4로 백에게 이득이 생기기 때문입니다) 18 Bf4로 두 비숍과 유리한 게임을 갖게 될 것입니다. 그러나 백에게 결정적인 이점을 줄 수 있는 콤비네이션을 만들 기회가 있었습니다. 그래서 백의 다음 수는 흑에게 놀라웠습니다.

16	b4	Bxb4

물론 흑은 이 폰을 거부하고 16...Qc7을 둘 수 있지만, 그것은 포지션에 전혀 도움이 되지 않으며 자신의 13수인 ...Qa5에 대한 규탄이 될 것입니다. 사실 16...Qc7은 폰을 잃지 않고는 둘 수 없어 보입니다. 16...Qc7 17 Nc5 Bc8 18 Qe4 f6 19 Nd3 Bd6 20 b5 c5 21 Rac1 b6 22 Bxe5 fxe5 23 f4로 백은 매우 강력한 포지션의 폰을 갖습니다.

17	Qb2	f6
18	Rfb1	

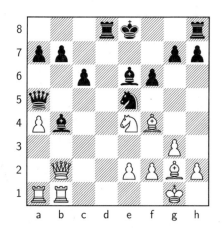

18 Rfb1은 온갖 종류의 복잡성으로 이어지는 실수입니다. 백이 단순하게 다른 룩을 b1에 뒀다면 최소한 매우 안전한 포지션의 폰을 얻었을 겁니다. 18 Rab1이면 ...Be7(최선) 19 Qxb7 Kf7(최선) 20 Bxe5 Qxe5 21 Qxc6로 백은 더 많은 폰

과 안전한 게임을 갖게 됩니다. 그러나, 18 Rfb1을 둔 후의 백은 ...Rd1+ 때문에 Qxb4를 둘 수 없습니다. 예를 들어, 흑이 18...Nc4를 둔다면 백은 19 Qxb4를 둘 수 없습니다. 왜냐하면 19...Rd1+ 20 Bf1 Qxb4 21 Rxb4 Rxa1로 흑은 비숍에 대응하는 룩과, 승리하기에 충분한 좋은 포지션을 갖게 됩니다. 그래서 경기를 지켜본 전문가들은 18...Nc4가 흑을 이기게 만든다고 생각했습니다.

그러나 백은 19 Nxf6+ Kf7(최선) 20 Qxb4 Rd1+ 21 Rxd1 Qxb4 22 Ne4로 퀸에 대응하는 룩과 나이트를 가지고 거의 막을 수 없는 엄청난 공격을 할 것입니다. 예를 들어 22...Re8(아마도 최선) 23 Rab1 Qa5(아마도 최선. 만약 23...Qxa4면 24 Nc5) 24 Ng5+ Kg6(만약 24...Kg8면 25 Nxe6 Rxe6 26 Rxb7) 25 Rd4로 흑은 백의 수많은 위협을 물리칠 수 없을 겁니다. 정말 매우 주목할 만한 포지션입니다.

18	...	0-0
19	Bxe5	fxe5
20	Ng5	

당연하지만 20 Qxb4면 20...Rd1+ 21 Bf1 Qxb4로 흑이 이깁니다.

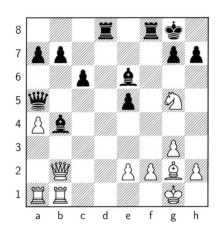

| 20 | ... | Bc3 |

이는 최선은 아닙니다. 여기서 흑의 방어법을 찾기란 극도로 어렵습니다. 진행해야만 한다면, 아직까지는 아마도 20...Bf7이 게임을 구할 수 있을 것입니다. 그러나 텍스트 무브 후에는 백이 힘으로 승리합니다.

| 21 | Qc2 | Bf5 |
| 22 | Be4 | g6 |

흑이 만약 22...Bxa1이면 23 Bxf5로 자신의 다른 비숍을 잃게 되는데, 이는 Be6+에 이어지는 Qxh7# 때문입니다. 흑은 22...h6 23 Bxf5 hxg5 24 Qa3를 시도했을 수도 있습니다. 그러면 흑 킹의 노출된 포지션으로 백이 쉽게 이길 수 있습니다.

23	Qa2+	Kg7
24	Rxb7+	Rd7
25	Rab1	Qa6
26	Qb3	Rxb7
27	Qxb7+	Qxb7
28	Rxb7+	Kg8
29	Bxc6	Rd8
30	Rxa7	Rd6
31	Be4	Bd7
32	h4	Bd4
33	Ra8+	Kg7
34	e3	Bc3
35	Bf3	기권

해제
독보적 체스 천재가 쓴 마지막 기록,
카파블랑카식 체스의 끝이자 시작

체스를 상징하는 대표적인 체스 선수 중 한 명이자 체스 역사상 가장 뛰어난 재능을 가졌다고 평가받는 호세 라울 카파블랑카가 만년에 저술한 마지막 책 『체스의 시작』이 입문자를 위한 책이라는 점은 여러모로 의미심장합니다. 왜냐하면 그가 가장 처음 쓴 책이 체스 전략을 집중적으로 다뤄서 중상급자에게 적합한 『나의 체스 이력서』였기 때문입니다. 그 다음이 비교적 중급자를 위한 『체스의 기본』, 그리고 마지막으로 쓴 것이 입문자를 위한 이 책 『체스의 시작』입니다. 이는 어쩌면 엔드게임부터 역순으로 시작하는 체스 교육을 선호했던 그의 성향처럼 그의 책 또한 역순으로 진행된 느낌을 주는데, 달리 보자면 책이라는 교육용 매체에 있어서 가장 어려운 것은 처음 배우는 이들을 위한 책이라는 어떤 증거일지도 모르겠습니다. 따라서 카파블랑카의 책은 난이도에 따라 『체스의 시작』, 『체스의 기본』, 『나의 체스 이력서』의 순서로 읽는 것이 좋습니다.

『체스의 시작』은 체스를 처음 접하는 이를 위한다는 목적으로 만들어졌기에 기초적인 내용인 체스 규칙, 기보법, 개념 등에서부터 시작합니다. 그러나 기초 규칙이 나온 초반을 지나면 전술과 전략을 과감히 다룬다는 점에서 카파블랑카의 책다운 인상이 있습니다. '쉽게 배울 수 있지만 마스터하기는 어려운' 체스의 특성을 반영하듯 체스 규칙 부분이 끝난 후 엔드게임에서부터 시작하는 전술 강의가 이어지며 이러한 전술과 전략 강의가 책의 나머지를 차지합니다.

작업을 하면서 카파블랑카는 기초 규칙 등을 다루는 내용에서도 다른 입문서와는 관점이 다르다는 것을 느낀 대표적인 부분이, 독자로 하여금 기물이 움직일 수 있는 칸 수를 계속 염두에 두게끔 만드는 설명을 넣었다는 점입니다. 즉 『체스의 시작』은 분명 입문자를 위한 책이지만 작정하고 책에 임하여 배우기를 바라고 쓰여진, 일반적인 체스 입문서들보다는 다소 난이도가 있는 입문서라고 볼 수 있겠습니다. 이러한 『체스의 시작』의 특징들은 텍스트에 익숙한 청소년 이상, 성인 체스 입문자에게 적합한 무게감을 만들고 있다는 점에서, 체스 입문서로서 갖는 독자성이 있다고 할 수 있겠습니다.

카파블랑카는 『체스의 시작』을 『체스의 기본』, 『나의 체스 이력서』와 상호보완적인 관계로, 그러면서도 보다 교육서의 구성을 단단하게 갖춰서 만드는 구상을 갖고 있었던 것으로 보입니다. 그는 자신의 스타일을 그대로 반영하여 자유 강의적인 인상으로 만들어진 『체스의 기본』이 초급자들에게는 다소 어렵게 느껴진다는 걸 인정하고, 『체스의 시작』을 보다 보편적인 입문자를 위한 체계성을 따라 구성했습니다. 따라서 입문자를 위한 책이면서도 중급자가 될 때까지 함께할 수 있는 내용들을 수록하여 체스를 잠시 떠나더라도 언제라도 다시금 책을 들면 도움이 될 수 있게끔 하는 것이 책의 방향성이 되었습니다.

『체스의 시작』은 또한 엔드게임의 최고수로 유명한 카파블랑카가 생각하는 오프닝, 미들게임 이론과 해법을 체계적으로 확인할 수 있다는 점에서 가치가 높습니다. 그가 생각하는 오프닝 실력이란 오프닝 라인을 기계적으로 외우는 게 아니라 포지션적인 이해를 통해 어떤 오프닝 상황에서도 대처할 수 있는 능력을 키우는 것이었습니다. 카파블랑카는 이 책의 출간 이후 다음에 저술할 책에서는 오프닝에 대해 더욱 본격적으로 다룰 예정이었습니다. 그러나 안타깝게도 책을 만들기 전 1942년 3월에 고혈압에 의한 뇌출혈로 세상을 떠남으로써, 오프닝 지식이 없었음에도 무적의 전설을 이룬 그가 보여 줄 카파블랑카식 오프닝의 신선한 개념은 영영 볼 수 없게 되었습니다. 그럼에도 불구하고 그가 이 책 『체스의 시작』에서 제시한 오프닝에 대한 원리적 관점은 수많은 오프닝 라인들이 등장한 오늘날에도 여전히 유효할 수 있는 해법일 것입니다.

『체스의 시작』을 마지막으로 2021년 『체스의 기본』으로 시작한 카파블랑카 콜렉션의 번역 작업을 마무리하게 되었습니다. 카파블랑카가 직접 영어로 쓴 책들로써 자연스레 트릴로지로 구성을 갖추게 된 이 책들은 서로에 대한 주석과 보충 역할을 하면서 카파블랑카가 구축하려 했던 체스 연구가로서의 정체성을 증명하고 있습니다. 앞날이 불투명하게 시작한 시리즈였지만 후원자들의 지지가 있었기에 3년여에 걸쳐 이렇게 끝까지 상업적 모험을 할 수 있었습니다. 『체스의 시작』 또한 지난 『체스의 기본』과 『나의 체스 이력서』처럼 체스의 즐거움과 깊이를 알려주는 계기가 되길 빕니다.

체스의 시작

초판 1쇄 발행 | 2023년 5월 8일
초판 2쇄 발행 | 2024년 3월 5일

지은이 | 호세 라울 카파블랑카
펴낸이·책임편집·옮긴이 | 유정훈
디자인 | 우미숙
인쇄·제본 | 두성P&L

펴낸곳 | 필요한책
전자우편 | feelbook0@gmail.com
트위터 | twitter.com/feelbook0
페이스북 | facebook.com/feelbook0
블로그 | blog.naver.com/feelbook0
포스트 | post.naver.com/feelbook0
팩스 | 0303-3445-7545

ISBN | 979-11-90406-18-5 03690